U0597644

"双减"时代如何育儿

父母高效教养手记

黄可 编著

清华大学出版社
北京

内 容 简 介

《"双减"时代如何育儿——父母高效教养手记》的作者是清华大学计算机系学生家长。该学生在当年的高考中取得了703分的成绩。作者在书中回溯了女儿从内向普通生逆袭考入清华大学的成长历程，并根据自己的切身感受和经验尝试探索如何在孩子成长过程中实现高效教养。作为一本实用性很强的家庭教育参考书，本书详述了根据孩子不同阶段的心理特点进行有效沟通的技巧，以及如何通过正面积极的教育，帮助孩子树立自信、端正学习态度、培养学习能力，从而提高学习成绩。作者还特别分享了对孩子数理思维能力和学习能力培养的一些心得体会，并对个人经验教训进行了总结。"双减"政策的目的就是提高教育的效率。希望作者的真切感悟以及文末对政策的个人解读，能够给读者带来一些启发。

本书封面贴有清华大学出版社防伪标签，无标签者不得销售。

版权所有，侵权必究。举报：010-62782989，beiqinquan@tup.tsinghua.edu.cn。

图书在版编目(CIP)数据

"双减"时代如何育儿：父母高效教养手记 / 黄可编著 . —北京：清华大学出版社，2022.4
ISBN 978-7-302-60367-2

Ⅰ. ①双… Ⅱ. ①黄… Ⅲ. ①中小学生－家庭教育 Ⅳ. ① G782

中国版本图书馆 CIP 数据核字 (2022) 第 044101 号

责任编辑：王 琳
封面设计：瞬美文化
版式设计：方加青
责任校对：王荣静
责任印制：丛怀宇

出版发行：清华大学出版社
　　　　网　　　址：http://www.tup.com.cn，http://www.wqbook.com
　　　　地　　　址：北京清华大学学研大厦 A 座　　　　邮　　编：100084
　　　　社 总 机：010-83470000　　　　　　　　　邮　　购：010-62786544
　　　　投稿与读者服务：010-62776969，c-service@tup.tsinghua.edu.cn
　　　　质 量 反 馈：010-62772015，zhiliang@tup.tsinghua.edu.cn
印 装 者：大厂回族自治县彩虹印刷有限公司
经　　销：全国新华书店
开　　本：170mm×240mm　　　印　　张：11.75　　　字　　数：152 千字
版　　次：2022 年 6 月第 1 版　　　印　　次：2022 年 6 月第 1 次印刷
定　　价：49.80 元

产品编号：091095-01

序 言

　　非常非常感谢妈妈对我的悉心教导和辛勤养育！知道妈妈打算写书的时候，我由衷地为妈妈找到了自己想做的事情而感到高兴！不管妈妈做什么，我都希望她每一天快快乐乐的！

　　上大学以前，妈妈对我的管教比较多，尤其是在贪玩的初中阶段，我让妈妈操了很多心。不过，除了学习以外，在其他事情上妈妈还是给了我相当大的自由空间。小学时，我放学后经常和好朋友们一起愉快地捉迷藏、翻单杠……中学时，和同学们一起聚餐、K歌、玩密室逃脱游戏……特别是初中每次大考之后，我都会约着同学一起出去畅玩一番。只要不是违反原则的事情，妈妈都不会阻止。

　　关于学习，我认为专注非常重要。我在学习的时候也会给自己找一些小乐趣。比如，当学习状态不佳，又不得不面对几大篇选择题的时候，我会先挑着题号是3的倍数的题目做，然后找题号是5的倍数的题目做……渐渐地就静下心来把整套题都做完了，这也算是提高专注力的一种方法。当然，学习方法的起效要以有学习动力为前提。妈妈在我小的时候，用积分或者我想要的东西诱导我学习的方法就挺有效。这也让我明白了，所有东西都是要有付出才能有回报的。

我小时候确实胆子比较小，不太敢跟陌生人说话。妈妈曾经强迫我去主动跟人交流。我现在都还清晰地记得那种被逼得快要哭出来的感觉。渐渐地，我发现与人交流不是一件多么可怕和困难的事情。于是，我变得越来越敢于表达自己的想法了。

希望妈妈分享的经验能够帮助到有需要的家长和同学！衷心祝愿每一位家长都健康快乐，每一位同学都学业有成！

作者女儿
于北京

前　言

　　《关于进一步减轻义务教育阶段学生作业负担和校外培训负担的意见》（以下简称"双减"政策）正式发布的时候，我根据女儿成长经历写的书正准备定稿。因为"双减"政策与我的一些教育感悟不谋而合，于是便取了一个与"双减"政策相关的书名，并根据政策对书稿的内容进行了少量修改，同时，在文末结合本书内容增加了对近期热点教育政策的个人解读。

　　我从女儿小学二年级开始将生活的重心转移到女儿的教育上，一路陪伴，看着曾经体弱多病、懦弱自卑、逃避学习的小女孩在跌跌撞撞中不断地超越自我，最终以703分的理科高考成绩考入了曾经连想都不敢想的清华大学计算机专业。在这期间，我经历了现在很多家长正在经历的迷茫、焦虑、担忧等各种情绪。时过境迁之后，我反思来路，悟出了很多的道理和经验教训，其中也包括很多的遗憾。看到网络上各种关于教育的段子以及身边的各种教育现象，我决定将我的遗憾、感悟和经验教训都写出来，分享给如曾经的我一样在子女教育上踯躅前行的父母们。

　　当事业的发展与孩子的养育互相拖累的时候，我在事业的瓶颈期选择了回归家庭。长期在外企耳濡目染中领悟到的国际化管理理念，使我能够理性、不焦虑、宽严有度地用爱心帮助女儿成长进步。而对心理学的浓厚兴趣，则对我与女儿的顺畅沟通提供了助益。

从小学到高中，女儿在保证充足睡眠时间的前提下能够实现一路逆袭，主要得益于对**学习能力持续锻炼、逐渐养成相对高效的学习方法以及日渐改变学习态度**。

我认为孩子的心理健康比学业成绩更值得重视。因此，本书中我根据女儿的成长经历，结合心理学基础知识，尝试着揭示儿童成长过程中的基本心理需求、成长规律以及不同阶段的亲子相处之道。

女儿学习态度和学习习惯的改变过程我写得比较详细，但由于天赋秉性各异、成长环境不同，我所用的方法不一定适用于每一个孩子，敬请谅解！

另外，无论从哪个方面来讲，我女儿都算不上很出众，她只是比曾经的自己更好一些而已。特别是我在清华北大的家长群里"潜水"时，看到那么多优秀的父母，那么多出类拔萃的孩子，总感到自己是在班门弄斧！不过，"龙生九子各有不同"，希望拙作能抛砖引玉，为各位家长在因材施教的过程中提供些许启发或共鸣。

此书写作的过程中，得到了很多师长和朋友的指导和帮助，在此一并表达由衷的感谢！

黄可

2022年1月于北京

目 录

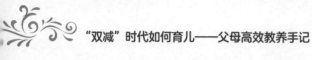

第 1 章
满足孩子的基本心理需要

"物随心转，境由心造"，一个人的心理状态深刻影响着他对世界的认知以及为人处世的风格。身体的茁壮成长需要充分的营养，心理的健康发展同样需要来自成长环境的心灵滋养。

美国人本主义心理学家马斯洛认为，人类有许多近似本能的需要，这些需要"缺少它引起疾病；有了它免于疾病；恢复它治愈疾病；在某种非常复杂的、自由选择的情况下，丧失它的人宁愿寻求它，而不是寻求其他满足；在一个健康人身上，它处于静止、低潮或不起作用的状态中"[①]。马斯洛将人类天性中固有的这些需要从低到高分成了7个层次：

第一层：生理需要

第二层：安全需要

第三层：归属与爱的需要

第四层：尊重和自我尊重的需要

缺失性需要
（对身体健康很重要，必须得到一定的满足）

第五层：求知和理解的需要

第六层：审美需要

第七层：自我实现的需要

成长需要
（到一定年龄才出现，很少有人能得到完全的满足）

　　从上述理论来看，安全感、归属感、爱、尊重和食物与水一样，是促进孩子身心健康发展的必需养分，也是实现高效教养的前提条件。

　　教育实践也证明，一个得不到安全感、得不到爱、缺乏自信心的学生是不可能进行创造性学习的。[②]

---

① 刘文.心理学基础[M].南京：南京大学出版社，2018：50.
② 刘文.心理学基础[M].南京：南京大学出版社，2018：51.

1.1　养树先养根，育人先育好心灵之根

杰出的幼儿教育家蒙台梭利认为："人类似乎有两个胚胎期：一个是在出生之前，这是与其他动物相同的；另一个是在出生之后，这是人类所特有的，并使人类区别于其他动物。婴儿在出生那一刻完成了生命的一次飞跃，他们进入第二个胚胎期，这是他们生命新旅程的起点。""如果人类的天性是由心理所控制的，人类的所有行为都是心理的外在表现，那么我们就应该对新生儿的心理世界给予更多的关注，而不是像现在这样将更多的注意力放在儿童的身体健康上。"①

1.1.1　依恋关系是亲子关系之根

有人说："教育的本质意味着：一棵树摇动另一棵树，一朵云推动另一朵云，一个灵魂唤醒另一个灵魂。"毋庸置疑，这句话中隐藏着一个最基本的前提，那就是，两棵树的距离很近，两朵云相邻，两个灵魂能够沟通。由此可以归纳为，亲密的依恋关系是实现高效教养的基本前提。

千禧年的盛夏，我成功晋级为"孩子她妈"！尽管我早早地买来了市面上比较权威的婴幼儿护理、科学喂养以及儿童教育等书籍，但是，初为人母的我，心中依然有几分忐忑、几分手足无措。那些育儿书成了我最好的导师。虽然其中的一部分书后来被送人了，但是《卡尔·威特的教育》《哈佛女孩刘亦婷》现在依然躺在我的书橱里。

丈夫80岁高龄的外婆在酷暑中照顾女儿满一个月就走了，留下我和小小人儿每天朝夕相伴。一个人照顾那么小的婴儿是不是不太容易？其实，我还真的没有感觉有多难。婴儿期的孩子睡眠时间长，但是不规

---

① 玛丽亚·蒙台梭利. 蒙台梭利儿童敏感期手册 [M]. 蒙台梭利丛书编委会，编译. 北京：中国妇女出版社，2016：20–21.

律，经常晚上不睡白天睡。于是，我的睡眠时间跟着她走，她睡我睡，她醒我醒。经常我一觉醒来，发现她正眨巴着眼睛安安静静地躺在我身边自娱自乐。

婴儿需要多晒太阳，当年家里东西朝向的房子每天只有上午才有阳光照射进来。于是，每天我都赶在阳光照进客厅的时候给小婴儿洗澡，让她的眼睛避开阳光的直射，身体的其他部分都沐浴在温暖的阳光之中。洗完澡后，我根据育儿书的指导，给她做婴儿操、婴儿推拿，抱着她轻轻地揉揉搓搓，逗她玩，让她体会到肌肤被触摸爱抚的感觉。

在女儿一个多月的时候，我在她的婴儿床上挂上彩色的铃铛，通过声音和色彩吸引她的注意力；我经常给她播放舒缓的音乐；给她哼唱中英文歌曲；轻声地和她说话，她有时会咿咿呀呀地给我回应；天气好的时候，我推着婴儿车带她出门看外面更加丰富多彩的世界……

当她学爬行的时候，我站在床边拿着她喜欢的玩偶诱导着她爬过来，然后看着她从迈出第一小步，到越爬越快，接着能够站立，最后开始学走路。整个过程中，我都小心翼翼地呵护着她的安全，同时给她足够的自由空间锻炼她的运动技能。我还为她准备了适合各个成长阶段的玩具，鼓励她多运动、多探索。

如同育儿书里介绍的，婴儿出生后的第一年是大脑发育的黄金期，外部对于听觉、视觉、触觉、嗅觉、味觉的刺激越丰富，运动技能练习得越好，婴儿的大脑就发育得越好，将来就越聪明！

此外，全面的膳食营养更是保障身体和大脑健康发育的物质基础。我根据科学喂养类书籍的指导，循序渐进地给女儿添加辅食。诸如土豆泥、水果泥、蔬菜泥等辅食都是用新鲜的食材自己制作的。

产假期满上班以后，我不得不请保姆来帮忙照看女儿。每天下班以后，我都急匆匆地赶回家，陪女儿玩游戏、讲故事、进行早期智力启蒙。

　　我的辛勤付出收获了女儿对我的亲密依恋情感。在成长过程中，她一直很重视我的感受，总是希望得到我的肯定，希望看到我满意的神情。这是我日后能够助力她成长和进步的基础。

　　有心理学家将亲子间的依恋情感称为家长对孩子的心理控制力。心理控制力弱的亲子关系下，家长对孩子的指导能力相对较弱，孩子到了青春期，逆反情结也比较严重。

　　有人可能会说："有血缘关系的存在，孩子自然跟亲生父母亲近，会听从父母的教导，还需要建立什么亲密的依恋关系？"

　　然而，现实生活中，我们看到有很多对孩子无能为力的家长，甚至有打骂父母的幼童。

　　小时候没有在父母身边长大的朋友曾对我说："不知道为什么，（成年后）跟自己的爸爸妈妈就是亲近不起来！"

　　在婆媳经常吵架的家庭里，主要由奶奶照料长大的孩子，会模仿奶奶的语气冲撞妈妈，也不太愿意接受妈妈的教导。

　　婴儿期的孩子虽然没有能力主动学习，但是，周围环境的一切信息都会被他们在无意识中吸收，这些便形成了他们与这个世界初次见面的印象。他们在无意识中学会了母语，同样也在无意识中感受到了与身边照料人的亲疏关系。心理学上有一个现象叫"先入为主"，大概的意思是指，先获得的印象可能在大脑中占主导地位，以后不容易改变。因此，即使有血缘关系存在，孩子出生后头几年的抚育关系，依然会对今后的亲子关系产生较大的影响。

　　如同植物只有扎根土壤才能从土壤中吸收营养一样，孩子只有与父母建立亲密的依恋关系才容易接受父母的教导。然而，植物扎根土壤的根须是有形的，婴幼儿扎根父母的心理依恋却是无形的。因为无形，所以它很容易被年轻的父母们忽略。

　　为了今后的育儿坦途，即使孩子有祖辈或育儿嫂的照料，年轻的父母也应该在工作之余，尽可能地多陪伴孩子。越小的婴儿越需要肌肤的爱抚、充满温情的互动、温柔的对视。这样才能把父母的爱意和温暖扎根在孩子的脑海中。

从我的所见所闻来看，如果父母从孩子很小的时候开始，就用心学习育儿知识，了解孩子的成长规律，悉心陪伴，科学理性地教养，那么伴随着孩子的成长，需要家长付出的就越少，父母就会越省心；相反，如果年轻的父母缺少育儿的责任意识，对孩子完全"放养"，那么，将来就有可能为孩子的各种问题抓狂、焦虑、忧心忡忡。

1.1.2　婴儿期的安全感是求知欲和探索欲之根

"儿童安全感"近年来越来越受到家长们的重视。然而，人们对于婴儿的安全感需求曾经有过一段错误的认知。

美国的行为主义心理学家约翰·华生的"哭声免疫法"曾风靡一时，即婴儿哭的时候不要去抱，等到不哭的时候再抱起来，以训练出极少哭闹、让家长省力的婴儿。他自己的孩子，也是在这种风格的教养实践中长大的。然而，他的长子因为童年情感严重匮乏，长大成人后曾多次自杀，并最终自杀身亡；他的小儿子一生流浪，靠施舍生活；女儿也一直生活不好，多次自杀。倡导并践行此法的华生家族，悲剧同样在第三代延续。被"哭声免疫法"养育大的孩子，后来轻则有睡眠障碍，重则有人格障碍，甚至精神分裂。在付出一代美国儿童的幸福后，此法被摒弃。欧美国家经过深刻反思达成了"亲密育儿"的共识。

在我女儿小时候，有人对我说："婴儿期的孩子什么都不懂，谁照料都一样！"但实际上，正如美国解剖学家考格西尔所说："婴儿的成长不是以身体为起点，而是以心理为起点的。"[①]由于我当时缺乏对婴儿

---

① 蒙台梭利.蒙台梭利儿童敏感期手册[M].蒙台梭利丛书编委会,编译.北京:中国妇女出版社,2016:26.

安全感的认知，造成了女儿一度胆小懦弱的性格。

在产假结束返回工作岗位以后，我从老家找人来帮忙照顾女儿。由于事前准备不足，在刚开始的两个月里，连续换了4个育儿嫂，其间因为照料不周，女儿肚子受凉，肠胃炎反复持续了3个多星期。

本来被无微不至关爱的婴儿，突然面临哭了得不到及时回应、失去精细照料、离开温暖的怀抱、时常更换照料人、身体出现病痛等不适的状况，我想她的内心一定充满了不安和惶恐。

两个月后，远在家乡的老父亲为我请到一位善良勤劳的亲友来帮衬，我才终于舒了一口气，女儿的身体也渐渐好转。但日后女儿出现了以下缺乏安全感的表现。

◎ 三岁以前女儿特别黏我，特别是在陌生的环境中，只要我离开她的视线，她就会号啕大哭。

◎ 别的孩子几天就适应了幼儿园的生活，而女儿在大半年之后还是对上幼儿园心生畏惧。

◎ 当她入睡困难的时候，只要我陪着她躺一会儿，她就能很快睡着。

◎ 刚开始陪她上课外班时，我发现她总是选择坐在教室最不起眼的角落里，从不主动回答问题。当她被点名站起来回答问题时，要么扭捏着不吱声，要么声音小小的、怯怯的，老师热情积极的引导和鼓励对她来说收效甚微。

⋯⋯⋯⋯⋯⋯

当一个成年人漂流到一座陌生的孤岛上时，他首先要确认的是孤岛的环境是否安全。如果感觉不够安全，那么他肯定会想办法自我保护，而不是四处探索。对于孤身降临到这个世界的孩子来说，同样如此。

因此，美国的脑科专家约翰·梅迪纳提出"在儿童生长发育过程中，安全感第一"的观点，并指出，"人的大脑只有解决了'安全问题'之后，才会进入'学习'和'探索'的模式"。

女儿刚上小学时，学习成绩不突出很可能与安全感不足有关。由于内心深处缺乏足够的勇气，她总是回避探索、回避困难，表现出自卑胆怯的性格。我回归家庭以后，在朝夕相处的陪伴中，始终以平和的心态与她共同面对困难和挑战，不断给她支持和鼓励，帮助她在一次又一次的自我突破中找回了安全感和自信心，成绩也逐渐提高。

新移植的小树苗需要架立支柱固定，以避免在遭遇大风时树干摇动，导致树的基干周围形成空洞，从而影响树苗根系和地上部分的生长。新生的婴儿同样需要细致周密的照料和温暖的关爱，让他们的心灵深深地扎根于温暖安全的"土壤"之中。如果小树被风吹歪了，只要及时把它扶正，把树根基周围的土培紧实些，它依然能够成长为挺拔的大树；只有一直无人打理的树苗，才会长成一棵歪脖子树。

1.1.3 归属感是稳定的心理状态之根

"我是从哪里来的？"这是每个孩子都曾问过的问题。

我母亲曾经在我们小的时候，给了我妹妹一个很大众化的答案，"从垃圾桶里捡回来的"，给我的答案是"在船上捡回来的"。我妹妹信以为真，那时候只要我拿这个话题逗她，她就会哭得很伤心，推搡着我不准我说。有些成年人看到小孩子被骗得大哭感觉很有趣，殊不知这样会严重损害孩子的自尊心，让孩子的内心滋生自卑感。妹妹小时候总是认为父母不够重视她，很可能就是源于那一份自卑吧。

因此，当女儿问我同样问题的时候，我给她的回答是："你是爸爸和妈妈一起生出来的呀！"

有的家长避讳这种答案，其实，单纯的孩子根本不会多问，她要的就是一句话。后来我又告诉她，她是从我的肚子里生出来的，当时她还好奇地盯着我的肚子看了好一会儿。

在女儿小学低年级的时候，有几次我故意逗她："爸爸和妈妈谁更好？"

女儿每次都回答："爸爸妈妈一样好！"

有一次，我故作委屈状说："哼！我天天这么伺候你，难道你就不能说我比爸爸好一点点吗？你这样说，太让我伤心了！"

当时女儿坐在沙发上，一脸理所当然的表情，歪着小脑袋回答："可是，我是你和爸爸一起生的呀！要是没有我爸爸，你一个人能生出我吗？所以，妈妈和爸爸就是一样好！"

我顿觉语塞，深深地体会了一把自己给自己挖坑的感觉。

不过，我依然坚定不移地认为自己应该给出这样的答案。

我给女儿的这个答案，除了帮助她理解为什么自己会有爸爸和妈妈以外，还能帮助她在家庭中找到自己的归属感。女儿在小时候的绘画中，经常会画两个大人牵着一个小小孩的形象，这就是家在她心目中的样子。扎根于内心深处的这份温馨和谐，应该会成为促进她内心强大的养分。

很多离异家庭的孩子成年后容易出现心理问题，往往就是因为父母以孩子为工具，互相攻击、互相诋毁，使得本来应该为孩子遮风挡雨的家，变成了让孩子弱小的心灵无端承受电闪雷鸣伤害的恐怖之所。

我至今对儿时做过的一个噩梦记忆犹新。我梦到，在空旷的大街上，幼小的我光着脚丫子拼命地追赶着妈妈的背影，大声哭着喊着叫着妈妈，并从噩梦中哭喊着醒来。做这个噩梦的起因，就是父母吵架时我母亲说要离家出走！其实我父母的感情还是不错的，但年轻时也时常有争吵。成年后每当想到这个噩梦时，我难免会想到那些离异家庭的孩子、那些家庭缺少温暖和谐的孩子会经历多少心灵的创伤，内心会经历多少恐惧、孤独和无助！如果小树扎根的地方土质松软，那么，在成长过程中它靠什么去迎接风雨的挑战？

当然，我写这些并不是主张人们为了孩子去勉强维持一段不幸的婚姻，无爱甚至充满暴力的家庭环境对孩子的健康成长未必有利。我只是希望当家庭爆发矛盾冲突时，家长能够考虑一下孩子的感受，尽量避免给幼小的心灵造成过大的伤害。如果避免不了，那么也别忘了事后给孩子足够的抚慰和关爱。

碰巧在网络上看到一段话说："爱的体验会影响人脑中的海马体和杏仁体的发育。海马体负责学习和记忆的能力，杏仁体则控制着人的信息整合能力和空间感知能力。接收到的关爱体验越多，大脑的这个区域就越发达活跃，孩子自然就越聪明伶俐。这也是家庭幸福的孩子更容易成功的原因。"

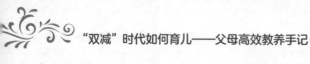 1.2 爱，是滋润心灵的养分，适度才好

爱孩子是为人父母的一种本能，但什么样的爱才有利于孩子的健康成长则是一个值得深思和探讨的话题。

1.2.1 爱，要让孩子看得见、听得到、摸得着

女儿小时候，丈夫工作很忙，经常出差。女儿两三岁时，曾多次问我："妈妈，爸爸是不是不喜欢我？"

实际上，丈夫是极其宠爱自己的女儿的，只是陪伴女儿的时间少，女儿感受不到这份爱，甚至怀疑这份爱也属正常。

每当这个时候，我都告诉女儿："爸爸怎么可能不喜欢他的宝贝女儿呢？爸爸努力挣钱就是为了给他的宝贝买更多漂亮的衣服和好吃的呀！"

过了一段时间以后，照顾女儿的亲友笑着跟我学舌。她对女儿说："你这么不听话，我要告诉你爸爸！"两岁多的小丫头底气十足地回答：

"哼！我爸爸喜欢我！"

偶尔听到有父母抱怨说："我累死累活，供他吃，供他穿，生活上从来都没有亏待过他，可他怎么就一点都不知道感恩呢？"这样的父母只是以自己一厢情愿的方式去爱孩子，却从没有想过孩子到底需要的是什么。就像我的女儿，如果没有人告诉她，爸爸是爱她的，那么，她的心里会一直认为爸爸不喜欢她，即使爸爸为她挣再多的钱，为她买来再奢华的生活用品，她的内心都会因为缺爱而贫乏，也会因为缺爱而逆反。

有一位朋友出身高知家庭，从小生活条件非常优渥。在她小时候，她的父母因为事业都太出色，经常为家庭琐事争吵不休，各自的理由都是自己也有事业要忙。她说，她小时候很羡慕那些虽是普通家庭却有父母宠爱的孩子。她对我说："我真的希望他们能给我做几顿好吃的，而不是除了钱什么都给不了我！我曾经乱花钱就是为了报复他们！"其实，长大后的她也能体谅父母，知道父母很爱她，而且她也爱着她的父母。但是，曾经缺乏温情的家庭氛围，令年轻时的她对父母抱有很强的逆反情结，而这种情结对她成年后的人生选择也产生了一定的影响。

学龄前的孩子不具备抽象逻辑思维能力。对于他们来说，奢华的生活只是生活环境的一个部分，不带任何感情色彩。幼儿只能体验到通过视觉、听觉、触觉、嗅觉传达到大脑中的爱意，而这样的爱意是他们幼小心灵最需要的养分。

一个初中男孩在给父母的遗书中写道："爸爸妈妈，我知道你们讨厌我，我走了，请不要伤心难过。"看到这样的文字，父母该有多么追悔莫及！语言上的否定、否定、再否定，彻底掩盖了父母爱子的拳拳之心！

我们常常说要培养"身心健康"的孩子。父母们往往非常重视孩子的身体健康，从准备孕育新生命的那一刻开始，就竭尽所能地保证孩子

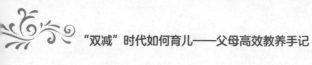

身体发育的营养需求。在孩子头疼脑热受伤时，家长都会心急火燎地带着孩子去求医问药。然而，孩子的心理成长需求却很容易被家长忽视。因为心理成长是无形的，无法被直观察觉，其损伤的表现具有延迟性。

树干上长了虫眼一眼就能看到，但树根在土壤中是否扎得够深够稳，是否和土壤之间有缝隙，是否被害虫侵蚀，等等，却很难被观察得到。只有当树木长大以后，经历一些风雨，才能发现树根的问题，这个时候再想补救就晚了。心理状态同样如此。

著名心理学家阿德勒在《儿童的人格教育》一书中写道："幸运的人一生都在被童年治愈，不幸的人一生都在治愈童年"。爱与物质条件无关，"幸运的人"在幼时获得的关爱如同生根剂，它帮助孩子的心灵深深地扎根在爱的土壤中，孩子成年后，无论遇到多大的风雨，都有底气去坦然面对。而那些缺爱的"不幸的人"，他们外表可能很坚强，但内心却很脆弱，他们一生都在潜意识中追寻着那份童年缺失的爱，并承受着心灵无处安放的孤独感和不安全感。

因此，爱孩子，想让他成为"幸运的人"，就一定要让他看得见、听得到、摸得着这份爱！

1.2.2 爱，需要用心，不需要贵重

人们常说"生活需要仪式感"，其实就是指通过一些特殊的日子来表达彼此间的爱意，让温暖和爱在生活中流淌。仪式感可以很简单，只需要稍微用心就好。

从女儿知道圣诞老人的故事开始，每年的圣诞夜，我都会在圣诞袜里放上她喜欢的故事书、巧克力、玩具等礼物，悄悄放在她的床头。

第一次清晨醒来看到枕头边的礼物，女儿抱着装满礼物的圣诞袜来到我面前，疑惑地问："妈妈，妈妈，你看，这是什么？"

我："哦，这是圣诞老爷爷给你的圣诞礼物吧？"

女儿珍而重之地把这些礼物收藏了起来。

第二年圣诞夜，睡觉前女儿好奇地问我："妈妈，圣诞老爷爷今年还会给我送礼物吗？"

我回答她："圣诞老爷爷会给每一个表现好的小朋友送礼物哦！不过，小朋友一定要在半夜12点以前睡着！不然，圣诞老爷爷就不会来了！"

女儿赶紧钻进被窝里，使劲闭上眼睛，争取早点睡着。

小学三年级的圣诞节后，女儿放学回到家，噘着小嘴说："我们同学都说圣诞老爷爷是妈妈扮的，世界上根本没有圣诞老爷爷！"

我微笑着回答："嗯，妈妈只是希望你的童年能多一份美好的回忆而已。"

四年级的圣诞节，女儿再次向我确认："这些礼物都是妈妈送的？"

我："嗯，既然你已经长大了，以后就不需要圣诞礼物了吧？"

女儿摇晃着我的手臂："不行不行！要！要！要！一定要！必须要！一直都要！"

在女儿的坚决要求下，圣诞夜的礼物一直送到她年满16岁。

除了圣诞节以外，女儿的生日、儿童节，我们都会小小地庆祝一下。我送给女儿的礼物从来都不贵重，却能让她感觉到自己是被爱、被肯定、被重视的。内心充满着温暖和爱的女儿，会在母亲节给我做一张感恩卡，会用所有零花钱给爸爸买一份生日礼物，主动帮助弱小，爱护小动物……

火焰，本身有温度，才能释放出热量；人，心中有爱，才能懂得爱他人。

1.2.3 爱，要有尺度，有规则

规则，是维持和谐秩序的根本保障。缺乏规则意识的人，于规则社会中，可能伤人害己；于亲子关系中，容易脱离家长的管束。

从女儿学会清晰地表达自己意愿的时候开始，该说"不"的时候，我都会坚决地对她说"不"。比如，生病的时候不能吃冰激凌！有时候她撒娇哭闹，我也绝不同意，因为这是对她的身体有害的事情。其实，孩子是很会察言观色的，闹过几次无效以后，她便不再强硬要求了。我很少对女儿说"不"，但是，一旦说了，就一定是原则，是底线！当她明白了原则和底线不可以触碰以后，即使到了逆反期，只要是我的坚决要求，哪怕心中万般不愿意，至少表面上她都会服从。

手机聊天、玩游戏、看网络小说、看动漫视频等，已经成为影响孩子学习成绩的一大主因。特别是上初中以后，有的孩子因此成绩一落千丈。我女儿上初中以后也同样有这些问题，但是，因为她的内心深处有"玩物丧志是不对的"意识，加上我对她有说"不"的权威性，所以，我有能力对她进行监督和纠正。

有的初中生一回家就关上自己房间的门，不准家长进去，孩子在房间里玩得昏天黑地，家长也无法干预；有的孩子因为玩游戏、玩手机与家长发生激烈的冲突，离家出走甚至以跳楼相威胁……类似这样的情况，在各种网络报道中并不鲜见。

女儿刚上大学时，我曾和她讨论过这个问题。我对她说："你看看你以前的同学，有多少人是被网络游戏和手机给毁掉的，如果初中的时候没有管住你，今天的你恐怕会和他们一样！"女儿深以为然。

可以说，家长和孩子相处最理想的状态是，平时能够玩到一起、说到一块儿，经常保持亲密的互动关系。但是，当遇到原则问题时，家长一定要有家长的威严，否则当孩子的独立意识觉醒以后，他就可能变成

脱缰的野马。如果野马一直在康庄大道上自由奔跑，那还不会有什么问题；如果野马跑进了岔道，就很难拉回来了。

除了让孩子接受家长说"不"以外，从小"立规矩"也很重要。比如，我在女儿刚懂事的时候就曾反复对她强调："你犯了任何错误都可以告诉妈妈，妈妈不会怪你，但是，你一定不能对妈妈撒谎！不能骗妈妈！"因此，女儿从小到大都愿意跟我分享她的喜怒哀乐，同时无论在学习上还是在生活上都养成了诚实的品质。类似这样的规矩，家长不对孩子说，孩子就不会知道，更不会去遵守了。当然，规矩定下以后，家长也要言而有信。女儿做错了事情，如果主动告诉我，我都不会责怪她，我会跟她一起想办法解决问题，同时提醒她下次不要再犯。因此，女儿才会一直保持对我的信任和依赖。

此外，有的家长"为了不让孩子产生自卑感"，竭尽所能地在物质上满足孩子的虚荣心和攀比心理。对此我是反对的！因为虚荣心是导致孩子弄虚作假、不择手段的主要原因。而且，物质上的无条件满足，会让孩子滋生什么都很容易得到的心理，从而失去努力进取的意志品质。

确实，孩子们在学校里，即使都穿校服，也难免有互相攀比的时候，比如，零花钱的多少，鞋子是不是名牌，生日宴的排场，等等。当女儿跟我聊到这些的时候，我对她说："人的一辈子很长，能依靠父母生活的时间大概只有你们人生的四五分之一，在这一小段时间里依靠父母过得好，那不叫好！离开父母以后能够自己把人生越过越精彩，那才叫好！""你们现在个个都衣食无忧，在学生阶段应该比的是学习，而不是享受！""就算我给你几千块钱，你有地方花吗？爸爸妈妈的辛苦钱是可以随意挥霍的吗？"有了这样的思想铺垫，女儿再遇到同学炫耀的情况，心态就很淡然了。同时，脚踏实地、自强自立的品质也悄然树立起来。

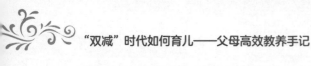

1.2.4　爱，是接纳并安抚孩子的所有情绪

孩子在成长的过程中，难免产生沮丧、困惑、烦恼、自卑、愤怒等负面情绪。拥有正常亲子关系的孩子，首先想到的倾诉对象就是自己的父母。如果父母能够接纳他们的这些负面情绪并加以引导，那么孩子很快就能调整好心态去面对问题。并且，以后再遇到问题的时候，孩子还会主动向父母寻求帮助。父母也因此可以保持对孩子高效的影响力。

我从事自由职业以后，我们用所有积蓄在丈夫的工作单位附近买了一套房。女儿也从朝阳区转学到海淀区。由于两区教学进度不一样，刚转学那段时间，女儿不仅学习跟不上学校的进度，陌生的环境也令她很不适应。

有一天放学一进家门，她就扑进我的怀里哇哇大哭："妈妈，我不想在这里上学了！我想回原来的学校上学！这里的同学我都不认识，没有人跟我玩！"

我抱着她安慰道："宝贝，人不能一辈子都在自己熟悉的环境下待着。将来你上大学、上班以后都会面临周围全都是陌生人的情况，你现在只是提早体验了而已。没有人跟你玩是因为大家跟你还不熟悉。你想一想，你们原来的班上如果来了一个新同学，你会主动去找她说话找她玩吗？你呀，现在可以试着主动跟同学说话，主动找同学玩。当大家都熟悉了，你又表现优秀的时候，同学们就都会来找你玩了。"

很快，女儿就结识了新的朋友。我也与班上的家长逐渐熟识，放学以后，经常安排孩子们在一起玩耍。

女儿的学习成绩一直在波动起伏中缓慢提升，到高中时，综合成绩已经能够进入全年级前几名了。她在班上默默无闻时，各种投票选举都榜上无名，但是，当她的成绩提高以后，还是榜上无名。她曾倍感委屈且有些气馁地问我："妈妈，我的考试成绩都这么好了，在班上我也愿意帮助同学，积极参加班级的活动，可为什么同学们还是不选我呢？"

我告诉她："首先，你的成绩并不稳定，同学们会认为你考得好只是运气好罢了。其次，原来比你成绩好的同学对于你的反超肯定是不服气的，他们更愿意把你依旧定位在差生的行列。"同时，我跟她分享了我的经历。

我小时候就读的是一所小城镇的普通小学，因为成绩好，一上小学就当上了班长。一年级的时候胆子小，什么都不敢管，代表新生上台讲话，紧张得把台词全忘了！二年级的时候，胆子大了起来，什么都管，还经常给班主任写小条、打小报告，举报某某同学上课讲话啦，某某同学搞小动作啦，等等，引起了很多同学的反感。那一年选举班长时，班主任对全班同学说："班长是你们自己选的，你们选了谁就得听谁的话，不想听她的，就别选她。"在那之前，我甚至还跟同桌的男生因为"三八线"（两人桌中间画的分隔线）打了一架，我们互相把对方的文具全部扫到了地上。但是，那一年的所有投票选举，我的得票数还是最高的。哪怕到了四五年级，我的成绩有所下降，每一次的投票我都依然名列前茅。个别刚上学时成绩不太突出，到四五年级赶超上来的同学，却经常在投票中名落孙山。

我告诉女儿："这，就是'先入为主'。因为人们很容易形成思维定式。"最后，我对她说："我们的人生目标并不是某一两次投票的结果。有，更好；没有，也无所谓。你想想，你现在已经远远地超过了以前比你优秀的一些同学，那么，将来的你也一定能够超越现在比你优秀的同学。所以，没有必要去计较一时的得失，你只要一直努力，坚持做好自己就够了。"

从那以后，女儿依然积极努力上进，同时对名利看淡了很多。

在女儿成长的过程中，类似以上这样的母女对话有很多，有时是讲道理，有时是用我的人生经验让女儿找到共鸣，有时是指出她自身存在的问题……女儿每一次的负面情绪，经过我的开导以后，都能够转化为积极的正能量。帮助女儿成长进步的同时，我也收获了女儿对我的信赖，我们成了无话不谈的密友。

时常从新闻中看到一些关于孩子轻生或者犯罪的报道。说到底，还是因为这些孩子在心理上无依无靠，面对问题时不知道如何应对，但凡有一个能够包容他们情绪的成年人对他们加以积极的引导，结局应该完全不同。

有的家长本来与孩子建立了亲密的依恋关系，但是，当孩子前来求助的时候，或者呵斥，或者嘲讽，或者不当回事，或者以自己很忙为理由忽略孩子的感受，那么，孩子就会慢慢地放弃向家长求助，直至对家长关闭心门。家长用冷漠、无视打断了与孩子间建立起来的情感纽带，日后，家长再想对孩子施加影响就变得困难了。

1.2.5 爱，是不管失败多少次，我都是你最坚定的拥趸和指路人

在家中精心养护盆栽的时候，如果植物长势不好，我们就会分析是缺水了，还是光照不够，或者是该施肥了……然后有针对性地采取措施，帮助植物恢复勃勃生机。

世界上本质的道理都是相通的。当孩子不够优秀时，如果家长给予他们足够的自信心，同时帮助他们找到不足之处并提出改进意见，那么，孩子就能够成就更好的自己。

女儿当年的小升初遇上了奥数比拼最白热化的时期。当时，各个市重点中学纷纷效仿高考连年夺魁的人大附中开设"培训班"，通过奥数考试选拔预备对象。这种选拔考试在三年级、四年级、五年级各举行一次，后两次会淘汰一部分前期入选的学生。进入五年级以后，各个"培训班"再通过数次选拔考试确定最终录取名单。当时盛传，能够被录取的学生，奥数、语文、英语基本上要接近初中毕业的水平。

在那个"抢跑"之风盛行的年代，很多孩子从一年级，甚至更早就已经开始准备小升初了。女儿一年级的时候，我还在家庭事业两边忙碌着，女儿的学习也完全不在状态。直到三年级，女儿才在我歪打正着之下开始用心学奥数（详细经过可参看第4章第二节）。那时候，女儿在学校的表现不突出，每学期还因为发烧感冒请几次病假。**按照当时的状态，她考进市重点中学的可能性为"零"。**

即使这样，我也没有过度焦虑，更没有想到放弃。我首先尽心尽力地帮助女儿调理身体，除了营养全面的饮食以外，每天要保证她有足够的休息时间和运动时间。如此一来，学习上能够投入的时间就有限了。

虽然当时的传说中有能够给孩子讲解高深奥数难题的"海淀家长"，但是，我作为一个数学"学弱"的文科生，却是奥数"菜鸟"中的"超级菜鸟"。为此，在当时小升初激烈竞争的背景下，我不得不安排女儿上奥数课外班。

每学期课外班报名的时候，我都和女儿一起商量，如何在保证每周有半天休息时间的前提下，选择必须要上的课外班。

刚开始的时候，女儿的学习还没有进入状态，她上的所有课外班，我都坐在教室的后排旁听，帮她做笔记，监督她认真听讲。平时她放学以后，我还要督促懒散的她尽快完成学校作业，以便有时间复习课外班上讲过的内容。女儿因病缺课时，我找老师复印来讲义，让她在身体恢复后，自己学习落下的课程。

随着学习适应性的提高，女儿在课外班上的奥数成绩也取得了明显的进步。当然，奥数学习肯定会有遇到困难的时候，每次我都会和她一起商量解决的办法，比如，利用小假期报一个短期的专题训练班，或者找合适的参考书自学，等等。当她有畏难情绪的时候，我会鼓励她："你又不比别人笨，别人能学会的，你也一定能！"当她取得进步的时候，我会趁机说："看吧！只要你足够努力，就一定不会比别人差！"当她考试成绩不理想的时候，我也会鼓励她："没关系！下一次考好就行。"

有一次奥数班的课堂测试，她考了全班最低分，我问她："你这次考试的分数怎么这么低？"她回答："就是做卷子的时候，做着做着就烦了，不想做了。"我淡淡地说："哦，那卷子上的题一定都要搞懂哦！""好！"于是，接下来的另一次测试，她又考出了全班最高分。

经过两年的学习，女儿终于抓住了最后一次海选机会，拿到了所有目标校"培训班"的入场券。接下来就是第一目标校4次确定录取的选拔考试。

第一次考试时，女儿感冒了，她自认为发挥失常，因此，对落选不太在意。

第二次考试后，老师在课堂上公布了各个分数段的人数！那天她放学走出教学楼时，我在她的脸上看到了从未有过的沮丧和失落的神情。她走到我面前，垂头丧气地说："妈妈，你赶快把其他'培训班'的报名费都交了吧，这个学校我肯定是考不上了。"于是，我们赶在另一所市重点中学"培训班"报名截止的最后一秒交了费用。

开车回家的路上，我对她说："后面还有两次考试，还有机会，不过，你得自己认真主动地学习。总要我催促着你才学，怎么会学得好！"随后，我分析了她的学习情况，感觉她在难题方面学得还不够深入。于是，我有针对性地选购了一本当时非常经典的、有相当难度的奥数教材交给她，要求她自己学习。

从那之后不到一个月的时间里，女儿每天放学回到家都抓紧时间写作业，然后自学那本奥数教材。可以说，这是她上小学期间最主动、最自觉、最投入的一段学习经历。

功夫不负有心人，女儿在第三次考试中脱颖而出，成功被第一目标校录取。

进入初中以后，女儿被分配进了学生综合实力最强的第一实验班。这个班的绝大多数学生都是在前两次选拔考试中被录取的，只有包括女儿在内的少数几个学生是在第三次选拔考试中被录取的。而且，这个班的很多学生来自海淀区顶尖的几所小学，这些学校出来的学生，在语文、英语等方面的知识积累更丰富，基础更扎实。因此，在初中一年级期间，女儿考试的综合年级排名就没有进过前50名，最差的一次到了100名以外。**这在50人左右的第一实验班相当于垫底的位置。**

女儿作为一个性格内向、可能被同学鄙视的学生，我从来没有对她失去过信心，她缺少的自信总是能够在我这里得到补足。

拿到成绩不理想的考试卷子后，我会第一时间要求她给我解释每一道题的错因，让她反思哪些知识点没有掌握好，该如何避免再次犯错。如果她认为某一模块的知识点理解困难，我就会和她商量是否需要买参考书看看，或者报课外班补充一下。

当她表现沮丧的时候，我会抱抱她说："没事，只要你努力，下次一定能考好。"

女儿的数学成绩相对比较强，当她表现突出的时候，我会夸一夸她："哇！不错呀，比我上学那会儿可强多了！"

平时我会教育女儿要尊重长辈和老师，要懂得感恩。不过，我也希望她拥有可以跨越任何高峰险阻的勇气和自信。有段时间，我会在恰当的时候夸夸她："我家宝贝将来肯定会比爸爸妈妈都厉害。"因此，在初二初三时，如果有人问女儿："你们家谁最厉害？"她一定会自信满满地回答说："我最厉害！"其实，按照她当时的成绩，她未必就是我们家最厉害的。

不过，她学习态度不认真的时候，我一定会严厉批评她，同时借她考试失利的机会对她进行敲打，利用她的好胜心激发她的学习热情。

女儿的学习成绩一直在波动中提升，**她最终的高考成绩，是初中第一实验班所有学生中的两个最高分之一。**

美国橄榄球联合会前主席杜根曾说过："强者未必是胜利者，而胜利迟早都属于有信心的人。"对于不够优秀的孩子来说，"充分的自信"是家长能够给予孩子最好的爱。

美国心理学家罗森塔尔曾经在一个小学做过一个实验。他在做了一份测试以后，随意选出20%的学生，称他们是"最有发展前途的人"。奇妙的是，8个月以后，这20%的学生成绩普遍有了显著的提高，而且性格更外向，自信心和求知欲更强。由此，他提出了一个词——"权威性谎言"。

曾经听到有家长消极地评论自家孩子："他就不是学习那块料！""他就是笨！""我对他是不抱希望了！"如果连自己最亲近的父母都对自己没有了信心，那么，孩子哪来勇气去攻坚克难呢？心理学上有一个词叫"习得性无助"，就是指由于连续的失败体验，导致的个体对行为结果感到无法控制、无能为力、自暴自弃的心理状态。

越弱小的孩子，越在意最亲近的人对自己的评价，其结果往往会验证一句话："说你行，你就行，不行也行；说你不行，你就不行，行也不行！"

近年来，国家推出了一系列减负政策，学生和家长面临的小升初压力比我们那个时候小了很多。而且学校也不分重点班、不公布排名了，学生的自尊心也得到了比较好的保护。不过，孩子终归还是需要成长，需要面对各种挑战的，越是不够优秀的孩子越需要正向激励，以帮助他们树立挑战困难的信心和决心。

1.3 陪伴是不可或缺的爱

有人说"最好的教育是陪伴",然而,陪伴的状态千差万别,教育效果也会截然不同。缺乏良好的沟通和爱的互动的陪伴,即使朝夕相处,教育效果也不尽如人意;只要孩子愿意对家长吐露心声,哪怕远隔千里,家长也能够有效地引导孩子。

1.3.1 聊天,是最好的家庭教育方式

我和女儿相处时,很少打骂吼叫,聊天是我们主要的互动方式。在餐桌上、上下学的路上、一起散步、一起购物等的时候,我们像朋友一样互相开玩笑、打趣。她喜欢跟我分享学校里发生的一切趣事,也会告诉我她的困扰和纠结。通过聊天,我可以了解到她真实的学习情况、思想状况、交友情况等,然后有针对性地给予帮助,并在潜移默化中将一些负面情绪、不良倾向及时掐灭在萌芽状态。

上高中以后,女儿取得了几次年级前5名的成绩,于是开始自我膨胀起来。

聊天时,她曾一脸傲娇地自夸:"我多聪明呀!"

有时还跟我开玩笑:"哈哈!瞧你那智商。"

当我把网络上盛传的某名校学生的作息时间表拿给她看,敦促她要努力学习的时候,她一脸不屑:"有必要那么辛苦地学习吗?反正我不需要!"

都上高三了,女儿的学习状态还如此松懈,我心里很着急,再三对她强调:"现在生活条件这么好,你们这些孩子的智商都不差,真正比拼的是时间和效率。""骄傲使人退步,以前的成绩都是过去时。"然而,这些规劝、提醒都难以阻止她的盲目自信。

进入高三后,学校还组织了一次到外地的游学活动,学生自愿参

加。我微信联系班主任："她现在的学习不在状态，我想让她不参加游学，利用这几天在京好好地收心学习。"班主任尊重了我的意见。

学校要求不去游学的同学也要到校自习。第一天自习回来，我聊天时顺便问了一句："你这一天都干什么了？"她告诉我："跟同学一起玩了一上午手机游戏，下午七八个同学找了间没有人的教室玩了一下午的'狼人杀'（一种扑克游戏）。""在学校自习比去游学好玩多了！"

当时我轻瞟了她一眼："啊？！合着你这一整天都没有学习呀？"

她赶紧辩解："也没有，刚开始还是学了一会儿的，后来同学叫我，我就跟着一起玩了。"

我没有再多说什么，接下来女儿眉飞色舞地跟我说起了下午玩"狼人杀"的趣事。

聊天结束以后，我赶紧给在外地的班主任老师发微信说明了情况，申请余下的几天让孩子在家里学习。班主任已经从在校值班的老师那儿得知，我们班的教室里下午没有几个学生，他正纳闷这群孩子都到哪里去了呢！接到我的微信以后，班主任在班级群里通知，今后几天学生可以在家里学习。

此后不久的家长会后，我找到班主任老师，跟他谈了谈女儿的情况，同时提议："咱班孩子的基础都不错，智商也不低，但很容易自满。考试卷子能不能加大点难度，这样能让孩子认识到自己的不足。"

经过几次难题的摧残，女儿膨胀的自信终于消退了很多。通过女儿我也了解到，老师在提高考题难度时也会顾及基础不够扎实的学生，发考卷时就告诉学生们哪个题可以不用做。而对于自信心爆棚的孩子来说，即使老师说了可以不用做，但是，做不出来也还是会打击到自信心的。

当然，最打击自信心的还是连续两次考试排名的下滑。我采取的这些措施，稍微控制了成绩下滑的幅度。

"知己知彼，百战不殆"这一策略完全适用于家庭教育。在网络通信技术越来越发达的今天，亲子聊天已经不存在距离上的问题。无所不谈的聊天习惯越早养成，对孩子的教育就越顺理成章，效果也会越好。与幼儿聊天可以增进亲子间的亲密关系，发展孩子的语言表达能力和思维能力；在孩子独立意识觉醒的过程中，这种平等的交流方式，包含着理解、包容和爱，更是家长对孩子润物无声引导的最佳途径。

需要注意的是，家长与孩子聊天时，无论孩子说的是对还是错，都不要加以指责呵斥。对的，可以鼓励、赞扬；不对的，家长可以发表自己的看法，在聊天过程中往正确的方向引导，或者事后采取一些对应措施。如果家长站在上位者的角度，对孩子横加指责、说教，甚至呵斥、打骂，或者揪着孩子的一点错误没完没了，那么，家长就再也无法了解孩子真实的思想和状况，从而失去引导和守护孩子的能力。

1.3.2　玩耍中塑造性格

独生子女在家里缺少玩伴，我便成了女儿的玩伴。在陪伴玩耍的日常中，女儿的一些良好行为习惯和个性也慢慢地形成了。比如，培养理性的好胜心。

女儿两三岁时不喜欢吃蔬菜，于是，我给她买了一本名叫《大力水手》的图画书。这本书讲的是一个小男孩因为爱吃菠菜变成大力士的故事。给女儿讲完这个故事，我就在诱惑她吃了点菠菜后，向她挑战掰手腕。第一次赢了我以后，她还有点将信将疑，但当她再次取得胜利后，小脸蛋上那份小得意的神情至今还令我记忆犹新。从那以后，每次吃完菠菜掰手腕，她都会赢。如果某一天她不吃菠菜，我就主动挑战并战胜她。于是，下一次她又主动吃完菠菜来挑战我。当这样的游戏失去新鲜感时，女儿对吃蔬菜已经不抵触了。类似于这样的游戏贯穿于我们的生活中，在改变女儿的同时，也培养了她的好胜心，并让她体验到了竞争的乐趣。

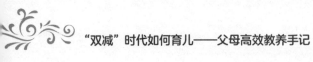

我曾经在朋友圈中读到过一篇文章，文中把学生分为"自燃型、易燃型、可燃型、阻燃型"。顾名思义，"自燃型"就是那些学习成绩一直优秀，不需要老师家长操心的孩子；"阻燃型"就是怎么引导都依然我行我素的孩子。"易燃型"和"可燃型"则是经过教导可以改变的孩子。文中并没有说明是什么导致了这些学生的差异。我想补充说，导致这些差异的，就是好胜心！

竞技场上我们强调要有进取精神，要有战意，学习和生活同样如此。好胜心就像是蜡烛的烛芯，决定着一个人是否可以被"点燃"。

回望来路，我发现女儿成长过程中的每一次突破，都是因为我无意中点燃了她内心好胜的火焰，促使她从懒散的学习状态中跳脱出来，回归最强状态，从而带给我一次又一次的意外惊喜。

不过，任何事情都有两面性，过度的好胜心会使人滋生嫉妒，无法承受失败，从而阻碍其成长。因此，培养理性的竞争意识也很重要。

刚开始学会下棋、玩扑克的时候，女儿输了撇嘴就哭，或者要赖"不干不干！重来！"。我一边安抚一边趁机教育她："有输有赢才叫玩游戏嘛！这次输了，下次争取赢回来呗！要不，我让着你？""哼！才不要你让呢！"有了几次类似的经历以后，她渐渐学会了淡然地面对输赢，甚至有时候还想让着我。潜移默化中，她具备了"友谊第一，比赛第二"的竞技精神。

女儿的学习历程一路走来都是跌跌撞撞的，虽然她也难免"胜则骄，败则馁"，但理性的好胜心能帮助她一次次摔倒后又爬起来继续前进。

1.3.3 运动中锻炼意志

从职场回归家庭以后，我要做的第一件事情就是帮助女儿改善体质。饮食方面，尽量做到营养丰富且多样化，每天的早餐除了高蛋白食物和碳水化合物以外，还至少搭配一种新鲜的水果。运动方面，天气好的时候，我们到户外跳绳、跑步、打球；天气不好的时候，在家里做仰卧起坐、踢毽子、练习立定跳远等等。

由于女儿的呼吸系统经常发炎，节假日和周末，我们做得比较多的运动是登山和远足。因为山里绿色植被多，负氧离子多，对改善呼吸系统的状态，提高免疫力很有帮助。我和先生时常约上三五同学好友，带上各家的孩子，自驾到郊区去登山、郊游、野餐。有时候，我也邀请女儿的同学和家长，或者干脆就我一个人带着女儿到附近的景区去爬山。

登山是一项非常锻炼专注力和意志力的运动。每一次登山我们都累得气喘吁吁、满头大汗，心情却很舒畅。女儿也在快乐的氛围中强健了身体，锻炼了意志，变得越来越坚强和自信。

1.3.4　旅行中拓展视野

我们一家三口曾数次利用寒暑假的时间，自驾游览祖国的名山大川。我们曾趁着雪后初晴的大好时机，艰苦跋涉数小时，终将黄山雪后绚丽多姿的雪松、云海、落日等绝美景色深深地印刻在记忆中；我们也曾在大雪纷飞中登上武当山的金顶；我们还曾为了看日出，在寒冬的夜里登泰山十八盘，他们父女俩背着所有的行李，在前面边拾级而上边轻松聊天，时不时还要停下来等一等我，而我两手空空在后面却累得气喘吁吁……几年之后，当她爸爸也跟不上她的登山速度时，我们的登山运动减少了很多。

在自驾游的过程中，我们游览了"危楼高百尺，手可摘星辰"的悬空寺、"夜半钟声到客船"的寒山寺、"源出昆仑衍大流，玉关九转一壶收"的黄河壶口瀑布、"古刹名山眼底收"的少林寺等名胜景点。

一路上我们三个人分工合作，欢声笑语，享受着家人在一起的惬意时光。我们曾在夜间行车时进入很长一段导航盲区，还遭遇天气突变等特殊情况，女儿参与我们解决问题的全过程，这同样也是对她解决问题能力的锻炼。

此外，我们还安排她走出去见识异域风情、异国风物，让她了解世界之大、天地之广，让她的视野更宽阔、见识更高远。

1.4 尊重孩子走向独立的必然

我们的孩子从一无所能到独立成人，每一个阶段都有其成长规律和心理特点。种子要破土而出的时候，哪怕上面压着的是岩石，它也会奋力寻找缝隙突破出去。独立意识觉醒的孩子就像那努力破土而出的种子，总想表现出自己的特立独行和坚持己见，即使他们还很弱小，还分不清好坏和对错。其实这是一个值得欣慰的过程，说明我们的孩子正在走向独立和成熟。

孩子的成长过程中，一般会经历三个里程碑式的独立意识觉醒时期，每一个时期的逆反表现又不尽相同。家长既要理解和保护好孩子的独立意识，又要防止孩子莽撞行事，还要避免以爱之名束缚孩子成长的脚步。

1.4.1 可怕的两三岁

两三岁的孩子将经历人生中的第一个逆反期。这个时候的他们，终于可以完全自由地支配自己的身体，能够较清晰地表达自己的想法了，于是，他们萌发了要独立、要自主的意识。即使什么都不懂，他们也喜欢坚持用“不”来彰显自己的独立性，得不到满足就不依不饶地闹腾。大人跟这么幼小的孩子还没有办法讲道理。因此，人们把孩子两三岁的时期称为“可怕的两三岁”。

　　我既反对用打骂的方式去压制孩子萌发的独立欲望，也不主张放纵孩子肆意妄为。其实，这个时期的孩子思想非常简单，完全可以顺着他们的意愿进行反向引导。比如，当我希望她往东走的时候，可以要求她往西走，于是她便会往而东去。

　　那时候，我们在餐桌上经常出现类似于如下情形的对话。

　　我："这个胡萝卜味道很不错啊，宝贝要不要尝尝？"

　　女儿："不要！"

　　我假装压低声音对其他人说："真的很好吃哦！大家赶紧吃，别让她一会儿发现好吃，又来跟我们抢啊！"其他人都说："好！好！赶快吃！"

　　女儿："不行！我要尝一口！"

　　我："不行！你说了不要的！"

　　女儿："我就要尝一口！"

　　我："行吧！行吧！说好了只能尝一口哦！"

　　女儿尝了一口以后："我还要！"

　　我："你明明说不要了的！"

　　女儿："我就要！"

　　我："好吧！好吧！唉，好吃的又被你抢了！"

　　于是，她会吃得很来劲。

　　再比如，我们准备出门散步时的对话。

　　我："宝贝，我们准备下楼去散步喽！你要不要跟我们一起去呀？"

　　女儿："不去！"

　　我："哦！那你一个人在家要乖乖的，注意安全哟！"

　　她想到只有自己一个人在家，马上改口："不行！我要跟你们一起去！"

她有段时间耍赖时的口头禅是"不行不行就是不行！"，于是，我就把这句话当成了我对她说话的口头禅，她渐渐就不再用这句口头禅了。

看到别的孩子把垃圾扔进垃圾桶，我对她说："你看那个小朋友真棒，知道不乱扔垃圾。"于是，她也自觉把垃圾扔进垃圾桶。

另外，为了锻炼女儿的独立自主能力，在安全合理的范围内，我会尽可能地给她自主权。

女儿从小到大，无论是买玩具，还是买学习或娱乐类的书籍，我都只给建议，最终由她自己挑选决定，我把关付款。

服装搭配从来也由她自己决定，亲朋好友送的衣服，只要是她不喜欢的类型，她绝对试都不试，最后只好转赠出去。

在"有一种冷叫妈妈觉得我冷"的情况下，她会回我："你又不是我，你怎么知道我冷不冷？"于是，我会尊重她的意见，只保留提醒义务。

走路的时候，她不要牵手，要自己走，只要环境是安全的，我就会让她自己走。

当她提出要一个人睡觉，不要我陪的时候，我会安静地走开。

她想一个人玩积木，不让我插手，我会放任她自己玩。

…………

只要不是违反原则的事情，我都不会强迫她。

1.4.2　七八岁狗都嫌

七八岁的孩子不像两三岁的孩子那么好糊弄，他们已经有了很明确的独立意识，同时，也有了规则意识。如果家长用平等沟通的语气与孩子商定好规则，那么，他们就比较容易接受和遵守了。

由于缺少亲情陪伴，当我从工作了十年的外企辞职回家待了两三天之后，7岁多的女儿用她自认为最坚定的语气、最乞求的眼神对我说："妈妈，只要你不去上班，你让我干什么都可以，我一定会很乖很乖，一定什么什么都听你的。"于是，我综合个人的实际情况，决定放弃朝九晚五的工作，从此从事自由职业。随后，女儿也转学到了海淀区。

此时的女儿正处于"七八岁狗都嫌"的第二逆反期。尽管她说什么都听我的，但是，逆反的天性使得她在我面前表现得并不像她说的那么乖。

转学后我发现两个行政区的教学进度不一样，朝阳区的学生刚学完加减法，海淀区的学生乘除法已经学了一段时间了。

为了帮助女儿尽快赶上学校的进度，每天放学后我都给她布置一些课外的练习题。女儿每次做这些题都是一副心不甘情不愿的样子，很多时候她真的就是为了表现"很乖"才勉强做题。有一次她终于梗着个小脖子反抗道："老师布置的作业我都做完了！你又不是老师，你布置的作业我才不做呢！哼！"

看着她那倔强的小模样，我灵机一动，对她说："好吧！你不是爱吃冰激凌、巧克力、肯德基，爱买故事书吗？反正这些都不是生活必需品，以后这些东西我都不给你买了，你得自己挣积分换购。只要你的积分够了，你想换什么就换什么。"

正处于自我意识萌发阶段的小女娃，一听说可以挣积分换购自己喜欢的东西，顿时就来了兴趣，很爽快地接受了我的提议。于是，挣积分游戏就此诞生。

家长给孩子制定这种激励性质的游戏规则，和企业给员工制定奖惩制度如出一辙。一次不能给太多，否则会失去奖励的可持续性；也不能给太少，否则没法调动积极性。所有规则都是我和女儿在民主协商的基础上制定的。刚开始她没有什么概念，规则都是我说了算。经过一段时间以后，她开始跟我讨价还价了。我们之间有段时间会出现类似如下内容的对话。

"一个题一个积分。"

"不行，太少了，一个题五个积分。"

"不行，太多了，积分哪有那么容易赚的，一个题两个积分！"

"好！成交！"

于是，小丫头屁颠儿屁颠儿地去做题了。

为了表现"很乖"而被动做题，和为了自己确立的目标而主动做题，学习效果截然不同。女儿认真做了一段时间课外题以后，发现自己的成绩有了明显的提高！于是，不再需要我的任何提醒和催促，她每天做完学校作业以后，都会主动找一些课外题做做，不再找我谈挣积分的事情了。

发现挣积分游戏有效以后，我又把这个方法用在了其他地方。比如，刚开始陪女儿上课外班的时候，我发现她总是选择坐在教室最不起眼的角落位置，前排的位置就像是有豺狼虎豹一般，怎么哄劝她都不愿意坐过去。

再陪她上课外班时，我态度坚定地要求她一定要选择前两排的座位，同时承诺，她只要坐到前排，积分是平时做一个题的几十倍。于是，在诱惑、鼓励和我的坚决要求下，女儿终于鼓起勇气坐到了前排。第一次坐上前排的她，还有几分局促和忐忑不安，但回头看到坐在教室后排的我，以及我给她的鼓励的眼神，她终于安定了下来。

万事开头难，有了第一次的体验以后，她发现坐到第一排没有什么可怕的，反而可以更清楚地听老师讲课。于是，每次上课她都会主动坐到前排，也不再跟我要什么积分了。

挣积分游戏大大提高了女儿的兴趣和自我改变的积极性。其他事例在后文还有讲述。挣够积分以后，女儿可以换购自己喜欢的东西，因此，她能够享受到自己做主的满足感。女儿第一次用积分兑换的钱独自到家门口的肯德基消费，回家后豪气满满地对我说："花自己的努力所得，感觉真是太爽了！"

其实，这种激励性质游戏规则的本质，是利用孩子感兴趣的事物去提高孩子的行动积极性。当孩子在尝试改变的过程中体会到了胜任感、成就感时，他就会自觉自愿地继续改变下去。这是一个从量变到质变的过程，最终目的是促使孩子实现自我突破。当孩子实现突破以后，我们的规则游戏就该转换目标了。

另外，规则所指向的目标越具备可操作性，越容易实现，效果越好。考试成绩进年级多少名，单科成绩提高多少，等等，这样的目标我也曾设定过，但是并没有什么明显的效果，因为孩子根本就不知道应该怎么做才能够实现这些目标。那些遥远的、笼统的目标，对孩子来说只是一个概念，实践起来会动力不足。

我极少对女儿进行体罚，当她犯错误时，我经常用扣积分的方式让她知道自己错误的严重程度。错误的性质越严重，扣的积分就越多。这是挣积分游戏的另一个作用。

不过，这个游戏到女儿上初三的某一天就戛然而止了。大概是因为女儿突然反应过来这种游戏无非是我激励她的手段而已。于是，她用她那青春期少女的蔑视眼神表达了一下对这种游戏的不屑一顾。到这个时候，她的很多学习习惯已经养成，挣积分游戏终于功德圆满地彻底退出了我们的学习生活。

类似于积分游戏的激励手段有很多。有的孩子喜欢玩电脑游戏，家长就用玩游戏的时间促进孩子养成良好的行为习惯；有的家长用贴小红花的方式对孩子的良好表现进行鼓励；有的家长在家里设置一面鼓励墙；有的准备表扬本，记录孩子的点滴进步……这些激励法在满足孩子尊重与自我尊重的心理需求，促进孩子进步的同时，也培养了他们不断突破自我、勇于挑战困难的积极进取精神。

1.4.3 青春期的迷茫与碰撞

青春期的孩子已近成年，他们独立意识更加明确，逆反心理也更加强烈。同时，伴随着身体和心理的明显变化，他们的内心又充满着迷茫和困惑。如果他们的迷茫和困惑在家长这里找不到答案，他们就会到同龄人中去寻找共情，甚至沉迷于游戏或网络小说中，以逃离现实世界。因此，这个阶段的亲子关系以及学习环境，对孩子的成长影响非常大。

从清华大学学生家长介绍的育儿经验中我发现，几乎所有家长与孩子的关系都比较融洽。家长都尊重孩子的独立性，关注孩子的心理变化，注意适时引导，给青春期孩子足够的包容和理解。像这样在青春期能够得到家长关注和引导的孩子不容易走偏，学业成绩自然就表现得更优秀。

女儿的青春期过渡得比较平稳。刚上初中，我就给她买了一本写给青春期女孩子的书，让她提前了解自己即将面临的身体及心理方面的变化。在日常聊天的过程中，我会帮她化解一些疑虑或困惑，她偶有烦躁或逆反情绪，我也会予以包容和谅解。

◎ 帮助孩子用积极乐观的心态接受不完美

女儿小升初考进市重点中学以后，虽然被分配进了综合实力最强的第一实验班，但是，她当时的成绩排名在这个班上几乎处于垫底的位置，再加上内向胆小的性格，她在班级的存在感很微弱。

上初一的时候，女儿曾怯生生地问我："妈妈，我是不是长得很丑？"

我回答："你听说过'萝卜白菜各有所爱'吗？你知道'情人眼里出西施'吗？美丑从来都没有标准，在爱你的人的眼里，你就是最美的；不爱你的人，你长得再美也不会觉得你美。就像你特别喜欢吃榴莲，而有的人闻到榴莲味就恶心一样。"

"再说了，我家宝贝属于越长越好看的类型，'女大十八变'，当然会越来越美喽！"

听到我的回答以后，女儿的眼中闪过了一丝自信的光亮！

进入青春期的孩子，由于自我意识增强，开始关注自己的体貌，他们对自己外在形象的认知也是一种内在自尊的反映。像我女儿这样缺少足够自信的孩子，会过分夸大自己的缺点。如果缺乏引导，这种认知会加深自卑感，造成内向封闭的性格。

近年来，"挫折教育"开始广受关注。我认为，帮助孩子用积极乐观的心态接受不完美，应该成为"挫折教育"的基础课。因为只有当孩子明白，这个世界上从来没有完美的人，正是因为每一个人都是不同缺点和不同优点的结合体，才会形成各自独特的魅力这一道理以后，他们才能够从容应对生活中的各种挫折和失落。

一个一直用完美来要求自己，或者被家长用完美来严苛要求的孩子，各个方面都可能表现得非常优秀，在旁人眼里，这样的人就是天之骄子，令人仰慕和崇拜。然而，他本人的内心却很可能充满着自卑，因为他对自己的要求太高，以至于永远都不会满意。他会非常在意旁人的评价，不允许自己犯错误，不能接受自己的缺点。这样的人反而满足感体验低，容易陷入焦虑状态。

过分追求完美的人，太过注重细节，反而容易忽略对大局的把握；过强的自尊心造成他们的抗挫能力偏弱；刚愎自用、目空一切的个性也让他们不太容易接纳别人的意见。这些都会成为他们成功路上的绊脚石。

人们发现，在各个国家、各种文化中都存在一种现象，那就是进入社会以后，排名10名上下的孩子更容易做出成绩。我想，这大概是因为这部分孩子既能接受自己不够出众、不够完美的事实，又具备比较强的学习能力和思维能力吧。

那些学习成绩一直名列前茅的学生，如果能够客观冷静地正视自身的不完美，淡定地面对一切挫折和失意，同时包容别人的不完美，愿意虚心接受别人的意见，那么，他们肯定能在曲折中保持着优秀。

而对于一直不够优秀的孩子来说，他们往往因为纠结于自己的不完美而失去积极进取的勇气和自信，甚至自暴自弃。因此，这样的孩子也应该学会客观地看待自己的不完美，找出哪些不完美是可以改进的，争取在进步中体验收获的喜悦。

可以说，在追求完美的同时，能够理性客观地接受自己和他人的不完美，是获得幸福感的前提。

◎ 帮助孩子树立健康的交友观

进入青春期以后，孩子从心理上开始脱离父母，将目光投向同龄人的友情。这个时期的孩子是非观念很弱，交友不慎也容易误入歧途。因此，家长有必要关注孩子的交友情况，帮助他们树立健康的交友观。

初中的学生开始三五成群地拉小团体，同学之间也会互相议论，聊一些八卦问题。女儿因为内向胆小的性格加上落后的学习成绩，曾经受过委屈。面对女儿的困扰，我告诉她："对于那些有恶意的人、喜欢对别人说三道四的人，尽量远离。如果遇到看不起你的人，那么就用你的成绩证明你比他强。"

女儿在选择朋友时，产生过一些困惑，我告诉她："不要在意别人的议论，别人说的不一定是对的。你要用自己的眼睛去看，不要人云亦云。每一个人都有优点和缺点，要多站在对方的立场上看问题，设身处地地想想别人的感受。特别要注意，不要看不起同学，你们谁也不比谁差，谁也不知道谁的将来会怎么样。"

"不要在背后论人是非，因为你不一定了解真相。你说的话，可能会传到别人的耳朵里，甚至有可能被有心人扭曲，以达到挑拨离间的目的。"

"朋友之间要互相帮助。"

"交朋友，真诚最重要。"

………

很快，女儿有了自己的好友圈，她也愿意跟我分享朋友们的动态。如今这些温暖的好友已经进入国内外的各个大学。其中一个小团体的好友互帮互助、相互促进、共同提高，全都考进了名牌大学。每到假期，不同团体的好友们都会相约一聚。对于独生子女来说，这样的友情弥足珍贵。

◎　聊早恋问题

爱美之心人皆有之。当看到电视里的少男组合时，女儿会惊呼："哇！这几个男生好帅哦！"记得她小学二年级的时候，曾对我说："妈妈，我觉得某某好酷哦，真的是帅呆了，我好喜欢！"但过了两年，她又跟我说："妈妈，我现在觉得某某一点也不酷了。"

她上初中以后，第一次跟我谈到同学之间的八卦时，我跟她聊到了小学的这段体验。我告诉她："如果有一天，你发现某个男生特别与众不同，让你有心动的感觉，那就说明你长大了。不过，这种感觉随着你的成长是有可能会变的，就像你小学的时候曾经认为某某很酷，后来又认为他很丑一样。所以，万一遇到互相有好感的男生，你们可以先做好朋友，学习上互相帮助、互相促进，但千万别随便去谈什么恋爱。经得起时间考验的感情才是真感情！"

接着，我跟她分享了我的两个朋友的早恋经历。一个是我曾经的好友。她谈到初三的那场早恋时说："那个时候，家长老师越劝阻，我们的态度越坚定。我们俩一致认为我们肯定会结婚的。我们一定会白头偕老的。"初中毕业后，两人去了不同的学校，不到一年，两个人就分手了。

另一个是女儿熟知的我的好友。她先生从小学五年级就对她产生了朦胧的感情。两个人从小学到高中都是同班同学，高中毕业后确立了恋爱关系。她先生为了所爱特别努力上进。后来两人结婚生子，小日子过得红红火火，夫妻俩相敬如宾，一直很恩爱幸福。

因为说的是身边的人和事，女儿很容易接受我的观点。不过，女儿中学期间，并没有遇到两小无猜的纯真感情。

另外，进入初中以后，同学之间出于新奇，喜欢互相起哄和八卦，有的孩子抱着不是很认真的态度去谈恋爱。我提醒女儿，现在不是谈恋爱的年龄，对于这些游戏看看就好，不要参与太多。

虽然也有学霸情侣双双考上清华北大的例子，但是，我认为对于心智还不够健全的中学生来说，早恋影响学习的情况还是偏多的，特别是对女生影响会比较大。我们这一届一所市重点中学的4个实验班中，有一个实验班的高考成绩不如普通班，据说，就是因为这个班上有不少谈恋爱的学生。

青葱岁月中萌动的情愫是自然而美好的。这份美好不应该被扼杀，但要防止它泛滥成害。防患于未然的方法之一，就是让孩子对这份或许会出现的全新情感体验有提前的认知。

◎ 在不触及底线的情况下，不妨让"逆反"撞撞南墙

未成年人的身体、大脑、心理状态等都处于发育之中，而发育所需要的条件无非是（物质和心理的）营养、（身体和大脑的）运动以及睡眠。因此，充足的睡眠是保证孩子身体健康、心理健康、头脑灵活的必要条件之一。

虽然中国古代有"头悬梁、锥刺股"的励志故事，但是对于未成年人来说，这种精神并不值得提倡。

女儿上小学期间，我要求她每晚必须9点半以前写完所有作业，10点以前熄灯睡觉。上初中以后，则要求她每晚必须在10点半以前熄灯睡觉。

上初二以后，一直乖乖听话的女儿开始抗争："我们班同学都十一二点，甚至一两点才睡，为什么我要10点半就睡？！"接下来，她

每晚都故意磨蹭到12点左右才熄灯。

我当时的想法是：嗯，还真是到青春期了呢，有主意了，好吧，那就啥都不说，让她试试呗！

她坚持晚睡一个多星期以后，又不声不响地将熄灯时间自觉恢复到每晚10点半以前，而且这个作息习惯一直坚持到高考前一个月。

进入高三以后，反而是我不淡定了，我对她说："这都高三了，该冲刺了，别人都学习到十一二点，甚至一两点，你每天就不能多学一会儿吗？"

由于那段时间有过几次不错的考试成绩，她底气十足地反驳我："不用！""凭什么别人学到一两点，我就得学到一两点？""每天晚睡，白天会犯困的！你知道犯困的时候，学习效率有多低吗？"

我心里想说：效率重要，可是投入的时间长度也很重要啊！可是，面对自信满满的她，我决定还是先静观其变。

结果，高三最后两次模拟考试的成绩终于让她意识到了冲刺阶段时间投入的不足。在距高考前一个月，她自觉把熄灯时间调整到了每晚11点到12点之间。经过一个月的冲刺，高考总分750分，她取得了703分的成绩，超出清华大学在北京市的最低录取分数线18分。

◎ **浅谈青春期的亲子沟通问题**

青春期的亲子关系，有的和风细雨，有的却势如水火。这与青春期之前建立的亲子交流方式有密切关系。

我与青春期的女儿并不是完全没有冲突，只是我们会互相让步。不是原则的问题我不会坚持，如果我坚持到底的话，她也会妥协。

从小学开始我就不允许女儿在手机里安装浏览器、手机百度、短视频等娱乐软件。因为这些软件要么方便下载游戏和网络小说，要么容易上瘾，影响学习。当女儿在家需要上网查资料的时候，我要求她使用我的电脑。于是，我们俩经常在她偷偷安装软件，我发现后要求卸载的问

题上展开拉锯战。

上初中以后，有一次她跟我据理力争："我安装浏览器就是为了方便在学校查资料！"

我回答："查资料可以回家查，在学校有问题可以问老师和同学！浏览器影响学习，手机就是不可以装！"

我们争执不下之时，她不耐烦地来了一句："算了算了！我让着你！听你的行了吧？不装就不装呗！"

第一次听到女儿在争执时说让着我，我心里还是有小小的惊讶的。这说明她确实长大了，开始有了成年人的思想。

此外，青春期孩子有的一些逆反行为，女儿也都有过。比如，手机设密码，不准我看了；学习时要关上房门；有些话题不愿意跟我说了；等等。

关于手机设密码，我尊重了她的隐私要求，但是，我会时常检查她的手机用电量。如果用电量多，她就一定是玩游戏或者看小说、看短视频了，那么我就会要求检查她的手机。每次发现问题我都一定及时对她进行批评教育并要求她改正。

至于关门学习的要求，我拒绝了，因为我家只有三个人，我们又从来不在客厅看电视，开着门，我们也不会影响到她的学习。同时我强调，她的学习自觉性不够，必须有监督。从小养成的规则意识，让她意识到自己有不够自律的缺点，因此，在这个问题上她并没有特别坚持。

女儿初中阶段成绩并不突出，我会为她的贪玩而生气，但从来不会为考试卷子上的分数去训斥她，因为我知道分数只是过去的结果，再怎么吼叫也不可能改变。我竭尽所能地帮助她端正学习态度，提高学习效率，补足学习上的薄弱点（详细经过在后文中有讲述）。尽管她有逆反心理，但是每一次学业上的进步，都能加深她对我的信赖。渐渐地，她又开始对我敞开心扉。

　　另外，相信"棍棒底下出孝子"的家庭，到了孩子的青春期，亲子关系也可能比较紧张。因为"哪里有压迫哪里就有反抗"，压迫越深，孩子独立意识觉醒以后的抵触情绪就越强烈。我的父母也相信"棍棒教育"，但是，我母亲认为我父亲手重，坚决不准他对我动手，只要求他在中间做"和事佬"。但凡我父亲对我动一下手，我母亲马上就会跟他翻脸，因此，我父亲只有在我母亲不在家的时候，才能够偶尔地小小教训我一下。因为一直是母亲唱白脸，所以，初中阶段我对母亲曾有过很强的抵触情绪。当然，过了青春期，我依然是父母最贴心的"小棉袄"。

　　有的孩子，特别是男孩子，本来跟父母无话不谈，但进入青春期以后就什么都不跟家长说了。对于小小男子汉的这种强烈的独立意识，我认为应该给予理解和包容。很可能过了青春期，小暖男又回来了。

　　那些势同水火的青春期亲子关系，很多存在于焦虑的父母和感受不到理解与爱的孩子之间。青春期正处于孩子的初中阶段，一方面，父母担忧着孩子的学业和前途；另一方面，孩子面临着青春期带来的困扰与迷茫无处诉说、与同学间的矛盾得不到开解、学业压力得不到释放等窘境。如果这个时候家长再用打骂吼叫，或者长篇大论来教育孩子，那么，就会增加孩子内心的郁闷和烦躁情绪，很可能导致亲子间的激烈冲突。

　　家长放下心中的焦虑和不安，努力寻找孩子的闪光点，多赞扬孩子，多参与孩子感兴趣的事情，争取走进孩子的内心，力所能及地帮助孩子纾解情绪，或许是缓解亲子紧张关系的一个途径。

　　那些从小在溺爱中长大的孩子也很难管教，家长可以考虑求助老师、朋友对孩子进行潜移默化的引导。

第 2 章
家庭高效育儿经验谈

　　每一个孩子都是一颗独特的种子，他们既有各自的天赋和秉性，也有共同的成长规律。了解自家孩子的与众不同之处，尊重孩子各个成长阶段的特点并满足孩子的心理需求，精心守护，用心教养，就一定能够收获一份独一无二的硕果。

2.1 营造高效育儿的沃土

2.1.1 "身教"的力量超乎想象

有的人喜欢用"龙生龙凤生凤，老鼠的儿子会打洞"来诠释遗传基因对孩子学习成绩好坏的决定性作用。曾经我对此并没有什么异议，但是，反思女儿的成长经历以后，我对此就不太赞同了。我认为这句话应该理解为，强调成长环境对孩子潜移默化的影响作用。

那是女儿四年级的暑假，我接了一个特别紧急的笔译工作，整整一个星期，我每天的睡眠时间最多也就两三个小时。因为完全没有时间处理家务，很多事情要请女儿或我先生代劳。女儿看见我废寝忘食地工作，也跟着神经紧绷地投入到奥数的整理复习之中。有事情想让她跑腿时，她会紧张兮兮地来一句："不行不行，别打扰我！今天的计划还有很多没有完成，我正忙着呢！"她几次想跟着我熬夜，都被我阻止了。于是，那一个星期，先生成了家里的勤杂工。

现在回想起来我才明白，女儿当时就是在模仿我。看到我全身心地投入到工作中，正处于小升初复习关键期的她，也跟着全身心地投入了自己的学习之中。那一个星期，我根本就没有精力去关注她的学习状况，也没有时间对她喋喋不休。然而，就是这一段"无心插柳"的"身教"经历，成了她小升初突破的助推器。

在女儿的成长过程中，我一直在和她的懒散、贪玩斗智斗勇。假如在习惯养成的小学阶段，她学习的时候，我也在一旁看书，给她做一个勤奋好学的榜样，或许不需要我多操心，她就能表现得更好。

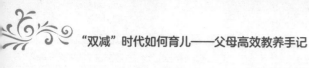

有调查说，教师的孩子成为学霸的比较多。我想其中一个原因应该是教师经常在家里备课、批改作业，他们坐在书桌前的身影就是给孩子最好的教育。

女儿学习的时候，尽管我可能是由于工作或者与家长探讨育儿问题而使用手机，但是，她看到的就是我在看手机！因此，手机一直是影响她学习成绩的大问题。不过，女儿的学习热情一旦被点燃，就能够全身心地投入其中，也可能与我在家不定期的勤奋工作状态有关。

有人说"最好的学区房是家里的书房，最好的老师是父母"，这话很有道理。孩子刚出生时就是白纸一张，他们的头脑中没有什么对错好坏的概念，成长环境中发生的一切都会在这张纸上晕染上它的颜色。爱打人的孩子，一定有过被打的体验；说脏话的孩子，一定事先听到过脏话；讲卫生的孩子，一定经常看到干净整洁的环境；喜欢攀比享乐的孩子，往往生活在攀比享乐的环境中……父母以及周围人的一言一行都在无形中塑造着孩子的人格、秉性和习惯。

所谓"书香世家"不是因为是"世家"才有"书香"的传承，而是因为代代都受到"书香"的熏陶才成为"世家"。普通家庭创造出"书香"的氛围，同样可以培养出优秀的学子。

有一位优秀的爸爸看到刚上高中的孩子数学成绩不好，便拿起丢掉了20多年的数学课本陪着孩子一起做题、一起讨论。有这样一位日夜陪伴苦读的爸爸，哪怕孩子对数学再不感兴趣，成绩都不可能不进步。当然，这位爸爸高中时的数学成绩一定很优秀，因此才能给孩子有力的指导。这个孩子补齐短板以后，如愿考进了清华大学。

同样也有一些本身文化水平并不高，却陪着孩子一起学习、一起考试、一起进步的家长。他们这么做的目的只有一个，那就是为了"身教"。

现在有一个词叫"放养"。被"放养"的孩子有优秀的、有不优秀的。这与他们被"放养"的环境以及身边人的"言传身教"息息相关。

有的家长一边玩着游戏或搓着麻将，一边冲孩子嚷嚷："赶紧写作业去！"这样的孩子，十有八九成绩都不会好。

曾经看到过一句话："一流的家长做榜样，二流的家长做教练，三流的家长做保姆。"如果一切可以重来，我一定会努力做好"一流的家长"。

2.1.2　站在孩子的角度去理解孩子

曾听到过家长抱怨："和孩子没法沟通！""这孩子太难管教了！"等等。其实，所谓的"代沟"就是由思维能力发展水平的不同、阅历和见识的差异等造成的。每当听到上述这些抱怨的时候，我都会反问一句："你像他那么大的时候，是什么样子?"

每一个成年人都是从一无所能的小婴儿成长起来的。我们的孩子正在走着的路，正是我们曾经走过的。如果我们能够回到我们曾经走过的路上，和孩子站在同一视角去看问题，那么，和孩子的沟通就会容易得多。

女儿两岁多的时候，先生教她背诵初唐诗人陈子昂写的《登幽州台歌》。教到"前不见古人，后不见来者"时，单教"来者"女儿会跟着说"来者"，但教她整句时，她一定会说成"前不见古人，后不见来来"，先生耐着性子、费尽口舌地教了一个晚上，女儿还是只会说"前不见古人，后不见来来"。一个硕士研究生导师居然教不会幼儿一句古诗！让旁观的我实在忍俊不禁。很长一段时间里这件事都是我们家的笑谈。

后来我才想明白，那时候女儿记忆的词汇库中只有"来来"，没有"来者"。两岁多的孩子不可能理解古诗词的意境和每个字词的意

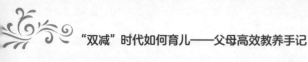

思，而"来来"才是她这个年龄段孩子常说的词语。因此她才会一直说"来来"。

这让我想到那些关于陪孩子写作业的段子。"不写作业，母慈子孝；一写作业，鸡飞狗跳！""气到心脏病发作！""气到喊孩子祖宗！"这些情况往往出现在小学低年级的学生家庭中。如果家长了解孩子的思维发展规律，认识到孩子见识的局限性，或许就不至于如此焦躁抓狂了。

心理学家的研究成果告诉我们，儿童的思维发展过程是渐进式的。比如，根据思维过程中所凭借中介的不同，儿童思维发展的渐进式大概表现为以下几点。

◎ 3岁以前的幼儿：只能在动作中思考。比如，孩子只能通过掰手指来数数。这种思维形式被称为"直觉动作思维"。

◎ 3～7岁的学龄前儿童：主要利用头脑中的具体形象来解决问题。比如，计算1+2时，孩子的头脑中出现的可能是一朵花加上两朵花或者一个苹果加上两个苹果，如果头脑里没有了这些具体形象，他们的计算就无从展开。这种思维形式被称为"具体形象思维"。

◎ 学龄儿童：除了同时具备以上两种思维能力以外，又开始学会运用言语符号形成的概念来进行判断、推理、解决问题，这种思维形式被称为"抽象逻辑思维"。

儿童的这些思维能力在发展的过程中具备很强的可塑性。由于个体差异和外部不同影响，思维发展年龄的早晚和强弱可能存在很大的差异。因此，关于儿童思维发展的年龄划分不具有严谨性。[①]

也就是说，孩子的思维能力发展就如同他们的运动能力一样，必须

---

① 刘文.心理学基础 [M]. 南京: 南京大学出版社，2018 : 154–155.

先能够站得稳，才能够开始学走路。有的孩子站得早，学步就早；站得晚一点的孩子，学步就晚一些，但顺序是不会改变的。

"2+3=？"对成年人来说，是一道简单得不能再简单的算术题。但是，对于抽象思维能力刚开始发展，对"2"和"3"所代表的具体形象还没有理解透彻的一年级学生来说，这就是一道让人摸不着头脑的题。

静下心来，耐心地用实物做教具去帮助孩子理解数所代表的具体概念。孩子的困惑解决了，对家长的信赖也就加深了，亲子间的所谓"代沟"也就消除了，亲子交流自然就顺畅了。

这，就是我们常说的"理解孩子"的内涵。不同年龄段的孩子都有其相应的思维发展水平和心理发展特点。只有"因材施教"，才能教而有效。

2.1.3　统一家庭育儿观念

在独生子女时代，很多孩子要一个人面对几个成年照料人。每一个成年人的成长经历不同，尽管都是为了孩子好，但教育观念却存在着差异，于是，夫妻之间、祖辈和孩子的父母之间时常会发生争执。

最亲近的人在自己面前起争执，孩子有样学样地就学会了吵架和顶嘴。同时，大人们左一个意见右一个意见，孩子不知道该听谁的，那么，他就会我行我素，不把大人的话当一回事。长此以往，孩子就变得难以管教了。

祖辈养育完一代又要帮忙照顾下一代，晚辈怎么孝顺和尊重他们都不为过。他们年纪大了，身体不如从前，年轻父母关心自己孩子的同时，更应该多关心年迈父母的健康状况和心情，尽己所能地减轻父母的负担，不要什么事情都让年迈的父母去操劳。

同时，祖辈也应该理解，孩子长大以后还得由自己的父母来引导的

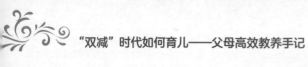

客观事实。当着孩子的面起争执，会影响父母在孩子心目中的权威性，孩子甚至可能会模仿冲撞自己的父母。这将严重降低孩子的父母对孩子的引导能力和亲子关系的长期发展。曾经在网络上看到过孩子踢打妈妈的视频。如果这个视频是真实的，那么可以判断，这个妈妈在家庭中是不被尊重的，妈妈被踢打的画面也被孩子看到过。这样的孩子长大以后不会懂得尊重女性，很可能因此难以拥有幸福和谐的家庭。看似成年人的冲突，最后被伤害最深的，却是孩子。

成年人育儿观念有分歧的时候，最好能私下协商。管教方式商定好以后，不管最终采纳的是谁的意见，都要让孩子知道，规矩是他的父母制定的，必须遵守！孩子心中，自然就会对自己的父母产生敬畏之情。

另外，父母工作再忙，也应抽出时间和孩子互动交流，关注孩子的成长。"父爱如山，母爱如海"，刚柔并济的父母之爱是滋养孩子健康心灵的养分，是祖辈的爱所不能替代的。

现在很多家庭存在着父亲教育角色缺位的现象。然而，妈妈再怎么鼓励孩子要勇敢，也不如拥有阳刚之气的爸爸的一句话有力量；有爸爸陪伴的户外运动和探险更能培养孩子勇敢和自信的品质，促进孩子想象力和创造力的发展；即使爸爸性格和善，在孩子面前也有着天然的权威性，能更好地促进孩子养成规则意识……为人父母是一项身不由己的终身职业，其他职业成功了，这一项职业失败，终将会留下无可弥补的遗憾。

虽然职场的忙碌让父母无法时刻陪伴在孩子身边，但是，父母可以每天抽出一点时间与孩子聊天或视频互动。在习惯养成阶段，如果祖辈没有能力教导孩子，那么父母可以给孩子提出具体要求，并布置一些明确的任务，请祖辈监督孩子执行。并根据孩子的执行情况，给予适当奖励或警告等。也可以通过做计划管理表的方式，帮助孩子学会自我管理。好习惯养成以后，家庭教育就轻松了。

2.2　适当的家校互动很有必要

有家长主张："我把孩子送进学校就是让老师教的，孩子教不好就是老师的责任。"这是一种错误的认知。因为学校教育和家庭教育的对象不同、任务不同，影响也不同。只有及时充分的家校配合，才是教育好孩子的王道。

2.2.1　家庭是孩子扎根的"土壤"，深刻影响着孩子的人生底色

孩子是一颗落在家庭这块"土壤"中的独特种子。家庭环境中的一切因素都在潜移默化中影响着孩子人格秉性、世界观以及学习态度的形成。可以说，家庭环境决定着孩子的个人素质和在群体中的竞争力，深刻影响着孩子人生的底色，家庭教育的效果对孩子在学校和社会的表现起着决定性的作用。

在我的成长经历中，父母从小教育我："有钱的时候要想到没有钱的时候。""女孩子一定要自强自立，要有自己独立的经济能力。"虽然父母没有给我留下物质的传承，但这简单的两句话，却帮助我更从容地面对人生中的一些困境。

小时候，父母对我的要求是，"姐姐要带好妹妹，凡事要让着妹妹"。但我们长大以后，我父亲却对我说："今后妹妹的事情你不要管太多，要让她吃一些苦头，她才能够学会自强自立。"

我们那个时候，初中毕业可以考中专，而且中专的录取分数线高于市重点中学的录取分数线。尽管我极力劝阻，妹妹还是直接上了中专。她18岁中专毕业回到我父亲身边工作以后，我父亲一直坚持督促她继续学习，最后，她通过全国研究生统一招生考试，考上了某985大学的硕士研究生。妹妹现在40多岁，已经取得了正高级工程师的职称。

父母的这些教育理念深深地影响着我，我也将之用在了对女儿的教育上，这大概就是人们所说的"家风传承"吧。

　　清华大学的微信公众号之一"清华招生"中有一个"亲友经验谈"的专栏，发表的都是清华学生家长所写的育儿经验文章。我对2020年11月和12月期间发表的20篇文章进行整理后发现，无论家贫家富，几乎所有的家长都重视孩子的早期阅读兴趣以及良好行为习惯的培养；尊重孩子的独立性，对孩子宽严相济；更重视考试成绩所反映的问题，培养孩子自主学习的能力；亲子关系和谐，有的孩子认为家长是自己最好的朋友……读着那些似曾相识的文字，我不由感慨"优秀孩子的家庭教育都是相似的"！

　　另外，从清华家长们所写文章的字里行间可以看出，这些家长都是勤勉踏实，不急功近利的人士。正如南宋时期著名的教育家朱熹所言："读书之法无他，惟是笃志虚心，反复详玩，为有功耳。"即，读书的方法没有别的途径，只有专心致志，虚心学习，多方探索，深刻领会，才会有好的功效。如果孩子在生活环境的潜移默化中，养成了不思进取、弄虚作假、过度贪图享乐、好高骛远等品性，那么，在学业上将难有建树。

2.2.2　学校是普照大地的"阳光"，批量培养社会需要的各类人才

　　学校是一个传道授业的地方，它面对的是一个群体，目的是培养社会需要的各类人才。学校教育的质量决定着国民的整体素质和国家的核心竞争力。

　　作为人类文明的主要传承方式，一批又一批个性不同、天赋各异的学生走进校门接受教育。如同抚育万物的阳光，学校教育的性质是普惠性的，尽管它竭力辐射到各个角落，但是，不同地区的辐射强度不可避免地存在着差别。不过，在同一地区，岩石上的植物肯定不如肥沃土壤

上的植物生长茂盛，因此，决定个体成长状态的乃是脚下的土壤，也就是家庭教育。

美国心理学家刘易斯·麦迪逊·推孟（Lewis Madison Terman）对众多智力水平相近的受试者进行比较以后发现，成就较大者在谨慎、自信、不屈不挠、进取心、坚持性、不自卑等人格特质上，明显优于成就较小者，而且，前者有一半的家庭重视早期教育。而这些人格品性的养成以及早期教育都是在家庭教育中实现的，这些也是一个人长久的立身之本。因此，寒门也能出贵子，豪门也有不少败家子。

当然，学校里有老师，那么要求老师对每一个学生都特别关注，可行吗？目前来说，肯定不行！

在公立学校里，通常一个班级有四五十个学生。如果老师每天特别关注一个学生10分钟，那么，所有学生特别关注一遍就是四五百分钟，也就是8个小时左右。老师还要讲课、备课、改作业、为学生答疑解惑，自己家里也是上有老下有小，哪来那么多的时间和精力？

但是，对于家长来说，每天花10分钟关注一下自己的孩子，是完全可以做到的。哪怕在出差的路上、加班的空隙，给孩子打个电话、聊聊天也可以对孩子施加影响。

学校负责传道授业，家庭负责培养孩子的综合素质，提高孩子消化、吸收知识的能力，家校联动，才能高效地促进孩子成长。

2.2.3　家校互动让我受益匪浅

学校老师长年累月面对的都是同一年龄段的学生，他们对于该年龄段学生的心理特点都非常了解。而我们很多人都是第一次当家长，如果在教育孩子时遇到了困难，求助老师，问题没准就能轻松解决。同时，老师也非常希望家长协助做好学生放学后的教育监督工作。

女儿所在的中学，入学之初老师们就反复强调不要送礼物。中学六年，除了女儿自己准备的贺卡和小礼物以外，我从来没有给老师送过稍微贵重点的东西。但是，孩子有问题去求助的时候，无论是初中还是高中的班主任、任课老师，都非常认真负责地积极协助解决。

比如，我女儿初中期间很喜欢玩游戏、看网络小说、刷短视频，我曾为此伤透了脑筋。女儿刚上初三的一个晚上，在她关灯睡觉以后，我感觉有点不对劲，边拨打她的手机，边推开她的房门，便听到从被窝里传出的手机铃声！她居然躲在被子里看网络小说！我当时就把她从床上拎起来，对她进行了严厉的惩罚。

青春期的孩子哪怕知道自己错了，骨子里也有一点我行我素的倔劲。我意识到，单靠我的规劝和管教不一定能够完全改变女儿。于是，我通过微信，向班主任老师说明了状况。我们的班主任老师是一位刚刚研究生毕业的年轻人，对工作非常认真负责，对孩子也很有爱心。他及时将情况通报给富有经验的年级组长和几位任课老师。老师们极其重视这个情况。经过老师在课堂上的旁敲侧击、循循诱导，女儿终于开始正视自己的问题。某天放学回家后，女儿自觉地把手机放在了客厅里。她告诉我，这是老师要求的。从那以后，女儿写作业、睡觉时，手机都放在客厅里。

类似的情况还有一些，每次我主动联系老师以后，都能得到及时有效的反馈，并且每次女儿都能有所进步。

家校互动让我受益匪浅，我对老师们一直怀有深深的感恩之情！

2.2.4　家长怎么配合老师

◎　"亲其师，方能信其道"

经历过学生时代的家长大概都会对"亲其师，方能信其道"这句话感同身受。老师无意中的一句话，有可能激发孩子的学习兴趣；也有可能让孩子对老师及其所教授的课程产生抵触情绪，进而影响孩子的学习成绩。

为此，在给女儿选择课外班时，我一定会尊重女儿的意见。不过，学校的老师不是我们能够选择的。那么，家长在与孩子沟通时，注意解开孩子的心结，不着痕迹地多夸赞老师，同时多与老师沟通交流，帮助老师更多地了解自家的孩子，就是在帮助孩子提高学习成绩。

◎ **适时适度地与老师保持联系**

如果家长在不干扰老师正常工作生活的前提下，和老师保持良好的沟通，老师肯定是非常欢迎的。因为老师也非常愿意尽量多了解学生的情况，尽可能地帮助自己的学生进步。现在微信、QQ、短信等，都是非常方便的聊天工具。如果家长能够简明扼要地把孩子的状况告诉老师，寻求帮助，那么，一定可以帮助孩子更好地成长和进步。此外，面谈、家长会等也是与老师保持沟通的良好方式。

不过，孩子的问题最好在刚发现时就及时向老师求助，家校联动之下，比较容易将不良倾向掐灭在萌芽状态。如果问题成堆了再去求助，老师很可能也爱莫能助了。

◎ **尊重老师，相信老师的专业性**

每一个人阅历不同，对事情的看法也不尽相同。老师的经验比家长丰富得多，哪怕是世界顶尖的科学家，在育儿之道上都未必能比老师强，否则爱因斯坦、爱迪生就该世代传承了。因此，在学习内容上，最好听从老师的建议。关于学生思想方面的问题，也可以虚心向老师请教。

我曾听到过女儿同学的家长感叹："有经验的老师就是不一样呀！比我们家长有办法多了！"

◎ **冷静客观地处理老师反映的问题**

家校互动过程中，也会产生一些负面状况。在各种媒体报道中也能够看到，有学生因为老师要找家长而对老师拔刀相向的；也有老师找家

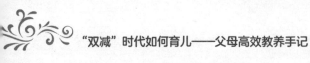

长谈话以后，家长对孩子严厉苛责，而导致孩子走向极端的。

家校互动的目的是共同帮助孩子进步，而不是家校联手站在孩子的对立面，对孩子进行苛责打压。特别是，老师主动找家长反映的问题一般都比较严重。作为最了解自家孩子的家长，一定要冷静地分析孩子为什么会出现这么严重的问题，孩子有没有什么委屈，先听听孩子的心声，找出真正的原因以后，再和老师商量解决的办法。

对于孩子来说，学校和家庭是他们生活的全部空间。如果孩子在学校受了委屈，在家里也不被理解，情绪就比较容易爆发，或者性格发生变化，这就失去了家校互动的本来意义。

在女儿上小学高年级时，我也曾用过激的态度处理过一次问题。

一次家长会前，女儿同桌的家长和班主任老师向我反映说，我女儿用毛笔在同桌的白衬衣上画了一道黑色印记，洗不掉了。我当时脑海中的第一反应是，以女儿胆小的个性，她不可能做出这样的恶作剧，甚至在别人指责她的时候她都不会申辩，只会默默承受。于是，我向老师和家长承诺回去把情况了解清楚。

回家后，女儿告诉我，她也不知道同桌白衬衣上的印记是怎么画上去的，不过同桌说是她画的，她也不知道怎么解释。我当时不由得恼怒地大声呵斥："你不知道是怎么画上去的，你就说不知道，不就行了吗！你怎么那么蠢！别人说什么就是什么，遇到这种事情你就不会替自己辩解一下吗？"这件事说清楚以后，女儿同桌的家长对我们表达了歉意。

本以为事情会到此为止，但是后来我发现，每当对女儿提出建议或者批评的时候，她不管有理没理，都会条件反射地进行激烈的辩驳。我这才意识到，我当初过激的态度在她的心理上留下了阴影。一向唯唯诺诺的她，在经历了被冤枉、被过分指责以后，开始对外界的意见产生了强烈的排斥。

如果我当初能够安抚她委屈的心情，并心平气和地告诉她，受到冤枉时一定要冷静客观地为自己辩解，这样就不会被误会了，那么，这件事就不至于对她产生负面影响。

找到根源以后，我开始冷静地处理她的反应。每当她激烈反驳时，我不与她争辩，但事后我会对她说："当你被冤枉或者遭到恶意诽谤的时候，就应该为自己辩解。但是，对于长辈的善意提醒或者批评，你一定要带着感恩之心，学会虚心接受，有则改之无则加勉。否则，你就听不到善意的声音了。"经过反复几次教育，她终于有了较大转变。

这件事也让我意识到，家长和老师的一言一行都深刻影响着未成年孩子的性格以及人生观、价值观的形成。

2.3　莫问收获，但问耕耘

当全民都开始重视教育问题的时候，家庭教育的成果在孩子个人竞争力中的占比越来越重，"教育焦虑"也应运而生。

然而，马拉松赛场上，比拼的是体力、运动能力、平稳的竞技心态和技巧，最忌讳的是焦虑不安的情绪。教育问题同样如此。

我对女儿的早期教育做得也不太好。女儿在小升初的选拔考试中脱颖而出以后，我先生曾感叹："以前只能上二本，现在终于有希望上一本了！"

很庆幸，随遇而安的性格让我在陪伴女儿的过程中，很少去和别人比较，我只是尽己所能地帮助女儿做得好一点、再好一点。这种淡定平和的心态让不够优秀的女儿免去了很多后顾之忧。

2.3.1　为什么说不要和别人比

可以设想一下，农民A种田的时候，总是盯着别人家的田地，想着："他家的苗长得好像比我家的高一些，我是不是该多施点肥？""他家改种果树收成不错，干脆我把苗全拔了，也种果树吧？""他家都大丰收了，我家的田地怎么还没有成熟，会不会颗粒无收？哎呀！愁人啊！"……

而农民B则把注意力放在自家的田地里，随时除害虫、除杂草，注意浇水时间，研究怎么施肥植物才能够长得壮，采取什么措施才能保证收成，偶尔借鉴一下别人家的经验……就这样，一边享受着付出和收获的充盈，一边静静地期待收获季的到来。即使最后的收成不是当地最好的，也会因为已经尽心尽力，而不会留有遗憾。

以上两种情形对比之下，相信人们都会理性地赞同农民B的做法。然而，现实生活中，与农民A相似的情况有不少。"这山望着那山高"，人很容易在攀比中忽略了自身的成长和身边的一切美好，从而陷入焦虑状态。其实，每一个孩子都是一颗独特的种子，需要家长倾注心力，科学地施肥和浇水，用心守护，帮助他结出独属于他的果实。

另外，攀比的父母更容易养出不懂得感恩的孩子。这是因为，这样的父母一方面喜欢拿自家孩子和别人家的比；另一方面，为了虚荣心，从小就无节制地满足孩子的物质需求。在这种攀比中成长起来的孩子，长大以后也会习惯性地与人攀比，当发现自己的父母不如别人的父母时，就会认为父母给自己丢脸而嫌弃父母。同时，孩子长大以后，父母再怎么向孩子解释自己没有钱，自己有多辛苦，孩子都不会体谅，因为他已经习惯了予取予求。极端一点的孩子，在父母无法满足自己的物质欲望和虚荣心时，可能会对父母恶言恶语，甚至拔刀相向。在社会上，这种品性的孩子也很难得到别人的帮助。

2.3.2　没有人能够预测孩子的明天

有家长因为自己没有经济能力给孩子提供最好的教育，或者孩子的学习成绩不理想，而对孩子的未来忧心忡忡。

确实，人生真正的"起跑线"是"原生家庭"，所以有人说"出身决定命运"。美国顶尖大学的"传承录取"已经是公开的秘密，那些特权家庭、顶级富豪家庭、顶级名校校友的后代更容易被常春藤学校录取。虽然这一制度一直遭人诟病，但是，这些拥有雄厚家庭背景的孩子起点就是比普通家庭出身的孩子高出很多，将来获得成功的机会也大很多。人们总是期盼着平等，但是世界上从来就没有绝对的平等。

然而，出身不好的人就成不了人生的赢家了吗？当然不是！华为创始人任正非，小时候经常忍饥挨饿，却成为举世瞩目的优秀企业家；黑人家庭出身的贝拉克·侯赛因·奥巴马（Barack Hussein Obama），小时候经常受人欺负，却成为美国的总统；我也有从贫困大山中走出来的朋友，她没有亮眼的文凭，却凭借着大山赋予她的顽强意志和吃苦耐劳的精神在京城闯出了一片自己的天地，安居乐业，经营着自己幸福的小康之家……

人到中年大概都会明白，一个人能否成功，除了家庭出身和自身努力以外，还与时代大势以及个人的选择和际遇等因素息息相关。比如，亚马逊、谷歌、京东、淘宝等企业的创始人，能力不一定是最强的，可他们偏偏在互联网刚刚崛起的时代选择了网络创业，于是，他们成功了！和他们同时代的人，即使能力再强，如果选择的方向不对，也可能面临事业的失意。而比他们晚出道的人，则错失了在这一领域的先机。

因此，从世俗的意义上来说，赢在"起跑线"的人未必能够赢在终点。反之，亦然。

再者，1949年后，中国人从经历三年困难时期，到使用布票、粮票、油票、肉票，再到坐在家里戳一戳手机屏幕网上下单，购买的商品就能送到家的今天，70年间便有如此之多的世事变迁，谁又能够预测我们的孩子将生活于怎样的世界？又会面临什么样的际遇？

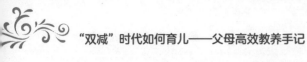

我们的父母预测不到我们的今天，我们同样无法预测孩子的明天。老话说"儿孙自有儿孙福"，不是说我们不需要对孩子的今天负责，而是说我们没有必要为儿孙的明天杞人忧天。我们可以做的，就是以一颗平常心，尽力地帮助孩子拥有健全的体魄、自信阳光的心态以及独立生活、独立思考、独立学习的能力。至于孩子将来上什么学校，成就如何，拥有什么样的生活，全都交给未来吧！

2.3.3　过度焦虑是一种伤害

幼小的孩子面对家长的焦虑可能会无所适从，大一些的孩子面对家长的焦虑要么消极抵抗，要么同样陷入焦虑状态。

曾听说名校毕业的妈妈因为孩子厌学而轻生的故事。有的家长为了自己的面子；有的家长为了自己未曾实现的梦想；有的家长为了孩子有一个好的未来；甚至有的家长为了自己的未来，不断地给孩子加压。本就学习能力不足的孩子，弱小的心理承受不住这些压力，难免会陷入厌学的状态。于是，孩子的厌学和家长的焦虑之间便形成了一个恶性循环。

无论是生活工作，还是养育孩子，如果能够多一些期望，少一些贪欲，那么，生活就会轻松很多。因为，期望是目标，能给人努力前行的动力，当目标难以达到时，会主动调整行动方案或者降低目标值甚至改变目标；而贪欲往往容易脱离实际，一旦无法实现，就会让人心理失衡，从而产生焦虑、嫉妒、绝望等负面情绪。

每一个孩子都是一个独立的个体，不是任何人的附属。在漫长的成长过程中，他们必然会经历很多沟沟坎坎。我们家长要做的是，帮助他们跨过这些沟沟坎坎，而不是在他们跨越的时候，用焦虑和怒吼去扰乱他们迈出的脚步。如果孩子实在是过不了某道坎，也没有必要一根筋地硬逼着孩子过，完全可以帮助孩子另寻出路。外出游玩时，遇到走不通的路，人们都会绕道走，或者改变目的地。育儿之路也同理。

现实中，有孩子遇到大考就失眠；有孩子考试时心慌慌、手发抖；有孩子偶尔一次考试成绩不好就感觉前途一片灰暗，甚至陷入严重抑郁状态。当孩子出现这些情况时，家长应该反思自己是否将焦虑传导给了孩子。

学生从来没有必要为考试的结果而气馁。如果想考出好成绩，那么考试之前就努力学习、认真复习。到了考试的时候，就该放松下来："我已经尽力学习了，只要认真答题，把应该做对的题都做对就可以了。"考试结果出来以后，关注点不要只停留在分数上，而是应该关注丢分的原因，补上知识漏洞，反思一下自己的学习状态，争取下次考得更好。人生那么漫长，一两次考试的结果算得了什么呢？即使高考失利的人，也未必就创造不出精彩的人生。毕竟，人生就是一步一个脚印走出来的。这一步没有走好，那就总结经验教训，把下一步走好，谁知道下一步会不会迎来惊喜呢？焦虑解决不了任何问题，脚踏实地才能有所成就。

一代大师梁启超先生给赴美留学的儿子梁思成的信中这样写道："我生平最服膺曾文正两句话：'莫问收获，但问耕耘'，将来成就如何，现在想他则甚？着急他则甚？一面不可骄盈自满，一面又不可怯弱自馁，尽自己能力去做，做到哪里是哪里，如此则可以无入而不自得，而于社会亦总有多少贡献。"[①]

结果，"莫问收获"的梁思成成了中国建筑学的开创者和奠基人！而且，梁启超先生的9个子女中，包括梁思成在内，有三个当选为院士，其他子女也都个个成就不凡！可以说，梁启超先生除了个人卓越的学术成就以外，还是民国期间的最牛家长！

---

① 梁启超. 梁启超家书 [M]. 林洙，编. 北京：中国青年出版社，2013：149.

2.4 家庭教育的基本任务是培养孩子的独立能力

动物世界里存在着上一代教育下一代的本能。比如，母海豚带着小海豚在海中寻找食物；母鸡带小鸡觅食；母猎豹敦促小猎豹去追赶被自己咬伤后故意放走的猎物……其目的都是为了帮助下一代掌握独立生存的能力。

人类作为拥有智慧的地球主宰，生存的活动和环境纷繁复杂，但教育的终极目的依然离不开帮助下一代掌握独立能力这一基本目标。只有如此，人类文明才能代代相传、持续进步。当然，人类的能力是多方面的，除了独立的生存能力以外，还有独立的心理承受能力、独立的学习能力等等。

2.4.1 真实的生活体验是孩子走向独立的必修课

女儿上小学三年级时一个周末的中午，家里有客人，大家都很忙，我便让女儿给大家煮饺子吃。客人当时大吃一惊："天啊！她才这么小，你就让她煮饺子？我们那儿这么大的孩子连碗都没有洗过的啦！"客人吃饺子的时候还在吃惊："哎呀！她还真把饺子煮熟了呀，太厉害了！"

这些年出了一个新词——"穷人家的富二代"。有些舍不得孩子"吃苦"的家长，在物质上，自己节衣缩食也尽可能地满足孩子的一切需求；生活上，则让孩子享受着"饭来张口，衣来伸手"的娇养待遇；学习上从来不要求孩子勤奋刻苦。这些家长觉得只有这样才能体现自己的拳拳爱子之心。那么，最后的结果会怎么样呢？首先，物质的欲望是无止境的，父母终究会有满足不了的那一天，父母终会发现自己养了一只"白眼狼"；其次，不具备独立生活能力，又学业无成，没有一技之长的孩子，长大以后只能"啃老"。因此，这样的"宠溺"不仅害了孩子，同样也害了家长自己。

我们今天教育的目的无非是为了孩子明天更好地独立生活。今天对孩子掩盖了多少生活的真相，明天孩子就要遭受多少生活的打击。从小让孩子体验生活的真实状况，他才能理解自己的父母，了解自己将要面对的社会。现在很多富豪让孩子到基层接受各种锻炼，就是因为他们明白，"富不过三代"的根源在于"温室里的花朵经不住风雨的摧残"。

生活技能本就是孩子独立的能力之一。学做家务既能劳逸结合，也是对孩子进行品德教育的好机会。女儿幼时想学扫地的时候，我给她准备小笤帚和小簸箕，就是为了保护她模仿学习的积极性；她的房间我从来都要求她自己收拾，偶尔我收拾也会告诉她，我是在给她帮忙，就是为了让她对自己的事情有担当意识；从小要求她给长辈盛饭，就是为了培养她尊敬长辈的意识。女儿初中阶段选修过烹饪课，那段时间她非常热衷于研究制作各种中西式面点，虽然买模具和各种材料的成本远远高于到店铺买成品的成本，但是，我依然全力支持她，因为面点制作过程中所锻炼的动手能力以及学习研究能力正是学好物理、化学、生物等学科的必备能力。

虽然，我并没有把女儿培养得很勤快，她能偷懒时还是会偷懒，房间也经常乱糟糟，但是，务实的生活体验让她学会了珍惜、学会了体谅、学会了互助、学会了独立。这些在书本上是学不到的。

南宋诗人陆游给孩子的诗中写道，"纸上得来终觉浅，绝知此事要躬行"，也道出了实践出真知的道理。著名的数学家丘成桐教授在清华大学演讲时提到，他在11岁时经常和一群孩子在街上闲晃，这段青春叛逆时期"虽不是我人生中值得骄傲的一章，但还是有价值的。我学会了如何随机应变，以及处理一些棘手的情况。我没有单纯地依循老师的训示，而是自己去解决困难"。

孩子们所学习的知识都是人类长期以来在生活中积累的智慧结晶。孩子看到水烧开时壶盖在动，可能想到瓦特发明的蒸汽机；自己收拾房间，能学会归拢和整理；做面点时，要学会物质的配比……既然知识来源于生活，那么就应该到生活中去体验，这样更易于促进孩子对知识的消化和吸收。

此外，我们还知道："人生，选择比努力重要！"每一个时代都会有一些机遇，有的人能够抓住，有的人总是完美错过，很多人将之归结为个人运气的好坏。但我认为，所谓的运气好坏与个人透过现象看本质的能力、审时度势的能力、未雨绸缪的能力、懂得以退为进的能力等息息相关。而这些能力除了从书本上获取以外，更多地来自个人的修养、见识、视野以及对生活的真实体验。生活在虚幻世界里的人是无法对真实世界做出正确判断的。

美国心理学家罗伯特·斯滕伯格（Robert J. Sternberg）在《成功智力》一书中提出，达到人生主要目标的智力包括分析性智力、创造性智力和实践性智力。其中的实践性智力就涉及解决实际生活问题的能力，包括运用知识的能力。

由此可见，适度地让孩子体验生活、了解现实世界的真实模样，将更有利于他们综合能力的提升以及个人的成长发展。这，应该成为他们成长过程中的必修课。

2.4.2　心理上得到"富养"的孩子独立能力更强

在中国新闻网上看到一则消息说："《中国国民心理健康发展报告（2019—2020）》显示：2020年，青少年抑郁检出率为24.6%，其中重度抑郁检出率为7.4%。"平时也听到人们议论："现在生活条件这么好，孩子们都不愁吃不愁穿的，为什么会出现这么多心理问题？"目前，医学界对于抑郁症的成因还没有很明确的结论，不过，儿童时期的心理创伤这一诱因得到了普遍的认同，还有说完美主义者也容易抑郁。

身心健康包括身体健康和心理健康。科学合理的饮食营养、适当的体育锻炼、充足的睡眠，才能保证孩子的身体健康发育。同理，看不见摸不着的心理发展，同样需要足够的心灵滋养和历练。

人们曾经在网络上热议"孩子是需要穷养还是富养"的问题。其中关于"富养"，有各种讨论。现在人们倾向于认为，"富养"孩子不是物质上的无条件满足，而是创造条件，丰富孩子的人生体验，拓展视野，培养孩子适应各种环境的综合素质。

前一章中有谈过孩子的基本心理需求，除此之外，我想，心理的富养也需要和物质富养一样，让孩子体验人生百态，同时帮助他们用积极乐观的态度去面对挫折和失败。

我国著名的教育家叶圣陶明确指出："教育就是培养习惯。"除了行为习惯的培养，心理习惯的培养也应该得到重视。

面对学习成绩不好的孩子，如果父母要么打骂，要么摆出一副反正我对你是不抱希望了的态度，那么孩子就会认为自己很糟糕，干什么都不行，长大以后遇到困难或挫折，也习惯性地认为自己就是不行而自暴自弃。

成绩优秀的孩子，一旦考试成绩不理想或者犯了错误，就会面临家长的严厉呵斥甚至打骂，那么，他成年以后，遇到挫折时也会下意识地很紧张，从而形成心理负担。

当然，没有脾气的家长是少数，偶尔的打骂呵斥并不会让孩子心理上形成习惯。适度的教育对孩子很有必要，只是要避免过犹不及。脾气暴躁的家长可以试一试"情绪暂停法"，就是想发火的时候适当压制一下情绪，让自己冷静一下，再看是不是需要把情绪发泄出来。如果忍不住发完脾气以后，又觉得伤害了孩子，那就坦诚地与孩子沟通，避免因此疏离了亲子关系。

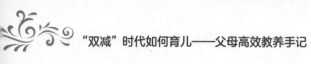

另外，有些经济条件富裕的家长认为自己已经为孩子的将来铺好了路，因此，在孩子教育的问题上主张"孩子想干什么就干什么，只要他高兴就好"。有人认为这就是"快乐教育"。

孩子玩游戏、看动画片的时候确实很快乐，但是，孩子不可能不面对现实世界，不可能不上学，不进入社会。女儿初中时，我曾经问过她："你们年级的家长群里，有家长说孩子到晚上十一二点还没有写完作业，你们的作业有那么多吗？"女儿回答："咳！那都是成绩不好的同学，本来几分钟就能做完的题，半个多小时还写不出来，可不就写不完作业了呗！"

孩子写不完作业也有可能是因为边写边玩，或者玩够了才开始写作业。无论是哪种情况，孩子被动熬到半夜十一二点，还不得不继续学习的时候，肯定是不快乐的。题目再简单，不用心学的孩子还是不会做，效率低的孩子还是做不完。只有帮助孩子找到做题慢的真正原因，并逐步改进，孩子才能快乐起来。

真正的快乐应该是饥肠辘辘的人看到满桌珍馐时，长期身处黑暗的人看到一丝光亮时，登山者历尽艰辛终于登顶时……由此可见，只有积极的变化、有对比的反差才能给人带来快乐。

小升初时，女儿在接到目标学校打来的录取电话后，高兴得又蹦又跳，大叫着："耶！我被录取啦！好开心呀！"

初中考了一次年级第9名，得知成绩的那个晚上，女儿在熄灯半小时后突然叫我："妈妈！妈妈！"我进到她的房间问："宝贝，咋啦？"女儿在黑暗中眨巴着亮晶晶的眼睛，声音中带着激动和喜悦道："妈妈，我居然考进年级前10了！好高兴！我兴奋得都睡不着觉了！"

上高中后，女儿的成绩开始进入年级前5名、前3名，此时的她面对进步心态沉静了很多，但我依然能够从她的神态里察觉到前所未有的自信的光芒。

可见，"越努力越快乐"，孩子在努力的过程中不断进步，不断超越自己，就能不断地享受快乐。

美国总统华盛顿曾说过："一切的和谐与平衡，健康与健美，成功与幸福，都是由乐观与希望的向上心理产生与造成的。"如果孩子在自己擅长或者感兴趣的领域中，不断战胜挫折、沮丧、失望、懊恼等负面情绪，一次又一次体验到了成功的喜悦，那么，在遇到看似山穷水尽的状况时，就不会太在意眼前的"山重水复疑无路"，而是会习惯性地努力探寻那"柳暗花明又一村"。

"人生不如意十之八九"，家长不可能永远当孩子的保护伞。孩子只有在各种历练中学会直面挫折和困难，将来才能更独立地以坦荡理性的姿态去迎接人生中的风风雨雨。

2.5　聊一聊手机等电子产品问题

一次在大学校园里漫步，无意中听到两个女生的如下对话。

女生A："唉！现在学习那么忙，哪有时间谈恋爱呀？"

女生B："谈恋爱就不玩手机了呗！你看，我现在只要有时间就学习，根本就不玩手机了。"

可见，一直困扰着中小学生家长的手机问题，到了大学同样存在，甚至更严重。

智能手机的出现拉近了人与人之间的距离，给人们的生活和学习所带来的便利是显而易见的。现在的孩子有不懂的问题可以随时随地通过手机向同学、老师请教；老师可以随时在班级群中对上课内容进行补充；孩子做实验或社会实践的图片可以随时上传；孩子外出时家长可以随时了解孩子的动向……

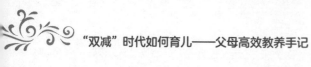

不过，对于学龄儿童来说，智能手机的负面影响也是相当大的。不当使用手机会影响孩子的视力和身心健康，因沉迷手机游戏而耽误学业的学生比比皆是，亲子间因手机问题发生激烈冲突的情况也屡见不鲜，手机问题已经成为青少年教育的头等问题。

手机问题同样是我陪伴女儿成长过程中面临的最大问题。不给孩子配手机肯定不行，因为学习和上下学接送时确实需要；给了手机，就不得不和"手机的诱惑"斗智斗勇。反思过往，我就手机等电子产品使用的问题整理出了以下建议供参考。

2.5.1 过早接触电子产品对孩子的成长有害无益

当过妈妈的都知道，从添加辅食到 1 岁期间要给孩子品尝各种食物的味道，如果孩子在这段时间品尝的食物味道单一，那么，就可能养成偏食的习惯。

孩子在主动探索世界的初期，如果被电子产品严重吸引，那么他今后的兴趣可能就集中在电子产品上了。这样的习惯和偏食一样，很难改变。因此，家长不要为了让孩子保持安静而放任孩子沉迷在电子产品之中，年轻的父母更不要边带孩子，边看手机或玩游戏。

学龄前是孩子大脑发育的黄金时期。有心理学家经过研究得出结论，孩子过早、过多地接触电子产品会大大损伤大脑的发育，影响认知力、想象力和创造力。也有小学老师说，课堂上坐不住、注意力不集中的孩子，大都爱玩智能手机，爱看电视。

微软公司的创始人比尔·盖茨曾说，他将自己孩子得到手机的年龄设定为14岁；苹果公司的乔布斯，限制孩子们在家使用电子产品；美国硅谷高科技公司的工程师们，开始流行不让自己的孩子接触智能产品……可见，作为电子科技最前沿的引领者们都清晰地看到了电子产品对孩子的危害。

不过，电子产品已经渗透进我们生活的方方面面，孩子接触电子产品是迟早的事情。有专家建议，1岁半以前一定不要让孩子玩电子产品，而6岁以前是儿童视力发育的关键时期，也不宜长时间看电子屏幕。

如果家长在孩子刚接触电子产品的时候，就培养孩子自律的习惯，比如，学习的时候手机不放在身边，玩游戏必须遵守时间限制，等等，那么，孩子长大以后也会比较自律，不至于玩物丧志。

2.5.2　控制孩子使用包括手机在内的电子产品的一些方法

◎ 手机禁止安装娱乐软件

虽然我对女儿在手机使用方面的引导不太成功，但也是做过一些努力的。比如，从小学开始，我就不允许女儿在手机里安装游戏之类的软件，包括禁止安装浏览器和手机百度，因为这两个软件下载游戏和网络小说太方便了。

尽管所有手机都配置有浏览器，但都被我设置成停用状态，当时还是小学生的女儿并不知道在哪里可以恢复设置，她也不是那种会和同学讨论怎么玩手机的孩子。不过，大一点以后，她还是学会了偷偷下载浏览器，于是被我发现后卸载，不知什么时候又偷偷装上，然后再卸载……

当女儿需要使用浏览器上网查资料时，我要求她到我的房间用我的电脑查。可就算是用我的电脑，她也还是会偷偷玩游戏。有几次，我偶然间走到她身后，看到她正在快速地切换界面，要求她切回到原来的界面，十有八九是游戏。

我一边苦口婆心地跟她讲玩物丧志的危害性，一边使用各种惩戒手段。可惜，效果都不理想，时常发现她又出状况了。

尽管如此，我对女儿的监督仍然是有作用的。有的家长一边苦恼于孩子不好好学习，一边放任孩子玩手机。有了手机的随时诱惑，孩子的心思就很难放在学习上了。

◎ 孩子学习时手机不要放在身边

这个习惯最好在刚上小学的时候就培养好，我女儿是初三躲在被子里看小说被发现以后，在老师的要求下才做到的。学生边学习边关注手机里的消息，一心二用，肯定影响学习效果。

◎ 用"身教"的力量去影响孩子

对于已经沉迷于游戏的孩子，家长可以考虑和孩子一起玩游戏，玩之前规定好玩的时间，约定时间一到，家长和孩子一起停止，然后要求孩子去学习，家长可以去工作。刚开始如果孩子不愿意，态度可以适当强硬一些。等孩子逐渐将注意力放到学习上以后，家长再以自己的工作任务重，没有时间玩游戏为由，逐步缩短玩游戏的时间。

因孩子沉迷游戏而导致亲子关系紧张的家长也可以试试这个方法。亲子关系越对立，对孩子的管教能力越弱。请孩子教自己玩游戏，拉近彼此间的距离，然后，一起玩游戏，一起学习，或许能增加对孩子的影响力。

如果全家共同约定每晚的某个时间段一起看书学习，那么，也比较容易帮助孩子实现改变。我曾看到有家庭，客厅没有电视，只有一面书柜以及摆在客厅中间的长桌，每晚全家人都坐在长桌边看书、工作，这样的环境熏陶下，孩子很难沉迷于游戏。

我女儿小时候爱看电视。她上学以后为了不影响她的学习，我们家的电视开得少了，她对电视的兴趣也减少了很多。刚开始不看电视我还不太习惯，出差的闲暇时间，曾窝在宾馆里津津有味地追剧看电影。现在，我们一家人对电视的兴趣都不大，经常各忙各的。偶尔我们在客厅看电视，女儿也不会受影响。

◎ 培养其他兴趣爱好

当孩子沉迷于书籍、显微镜、编程、象棋、围棋、桥牌、数独、运动等兴趣爱好时，手机自然就失去了吸引力。在后面关于学习态度的章节中，会列举一些天才人物，只因为沉迷于自己真心热爱的领域，他们才会不受外界干扰，最终有所成就。

这里所说的"沉迷"一定要达到"热爱"的程度。我在女儿学习累了乏了的时候，也陪她玩扑克、下棋、做运动等等，虽然减少了女儿对手机的依赖，但是并没能帮助她完全抵抗住"手机的诱惑"。

◎ 电子产品设置密码

在寒暑假期间，自律性不强的孩子一个人在家，或者家中长辈无法监督孩子的学习时，家长可以考虑给所有电子产品设置复杂一些的密码。同时承诺孩子，只要作业情况完成得好，就可以玩一定时长的电子产品。

这是一位朋友介绍的方法。她儿子考上知名大学以后对她说："妈妈，你知道吗？小时候，你上班以后，我经常在电脑前坐一个多小时，先是想方设法破解密码，破解不了就对着电脑发呆，然后才去学习。"

"无规矩不成方圆"，对孩子的不良行为要有所约束才能促进孩子的健康成长和进步。

值得欣慰的是，手机问题已经引起了全社会的关注。在国家相关部门的推动下，一些网络平台设置了青少年防沉迷系统。同时，教育部也发文，要求学校对学生带入学校的手机进行统一管理，并规定学校不得用手机布置作业等。期待家庭、学校、社会继续共同努力，为孩子创造更加健康的成长空间。

第 3 章
学习能力决定学习成绩的上限

"授之以鱼不如授之以渔"，考试成绩和知识积累都是暂时性的，能力才是伴随孩子终生的财富。并且，能力养成具有一定的时效性。

"龟兔赛跑"的寓言故事中，本可以轻松跑赢的兔子，输在了态度上。

孩子的学习成绩同样由能力和态度决定。能力，决定着学习成绩能够达到的上限；态度，则决定着能力所能发挥出的程度。能够实现逆袭的孩子，多数是缘于学习态度的转变。

从个人的理解来看，学习能力包括学科思维能力和自主学习能力。学科思维能力影响自主学习能力能够实现的速度、广度和深度；而自主学习能力又是锻炼学科思维能力的最佳途径，也是终身学习所需的核心素养能力。

学科思维能力确实存在着一定的遗传因素，但是，人类智力的正态分布形式决定着，绝大多数孩子都可以通过后天的锻炼弥补思维能力先天存在的些许差距。

我比较同意卡尔·威特的观点："对于孩子的成长来说最重要的是教育而不是天赋。孩子最终成为天才还是庸才，不取决于天赋的大小，关键决定于他从生下来到五六岁时的教育。诚然，孩子的天赋是有差异的，但是，这种差异毕竟是有限的。在我看来，别说那些生下来就具备非凡禀赋的孩子，即便具备一般禀赋的孩子，只要教育得法，也能成为非凡的人。"①

---

① 威特 C.卡尔·威特的教育 [M].刘恒新，译.北京：京华出版社，2004：4.

3.1 关于能力

3.1.1 人的能力各有千秋

"八仙过海——各显神通"这句歇后语充分揭示了人的能力的差异性。

能力的差异也就是智力高低的不同。20世纪初期以来，国内外的心理学家从不同的角度出发，就能力问题形成了不同的理论。其中，美国心理学家霍华德·加德纳（Howard Gardner）提出的多元智能理论引起了教育领域的广泛关注。

加德纳认为，智力的内涵是多元的，每个人或多或少具有至少8种智力，即语言智力、逻辑数学智力、视觉空间智力、音乐智力、身体运动智力、人际智力、内省智力、认识自然的智力，而这8种智力在每个人身上的组合和发挥程度是不一样的。[①]

加德纳提出的这些智力被证实确实存在，并且他还在继续尝试论证第9种，甚至第10种智力。这就意味着，我们不能说数学成绩不好或者语文成绩不好的孩子就是一个废材。因为每一个孩子都会有自己的智力特点，有的逻辑数学智力突出、有的音乐智力突出、有的身体运动智力突出、有的人际智力突出……也有的多项智力突出，甚至可能有全能型人才。

在我们这个多元化的社会中，任何一类人才都能为社会的发展以及人类的福祉作出贡献，优势智力的类型没有优劣之分。如果让数学物理学习费力的学生放弃文科而去学软件工程，让语言水平不够突出的学生不学理科而是学文学创作，让音乐智力突出的孩子不学音乐而是学习他

---

① 刘文.心理学基础 [M].南京：南京大学出版社，2018：254.

学不懂的奥数，让味觉和嗅觉灵敏、喜欢美食的孩子不学美食制作而是去学习他不擅长的建筑设计……那就是对个人天赋的扼杀，也是社会资源的浪费。因此，发掘孩子的优势智力领域，并提供相应的教育条件，就显得尤为重要。

一个人的优势智力，可能来自先天遗传，但更多地来自后天的养成。有些孩子的优势智力很早就表现出来了，有些却是隐性的，需要家长去挖掘和发现。

被称为"科学心理学之父"的德国心理学家威廉·冯特（Wilhelm Wundt），在童年和青年时代都缺乏活力和才气，对学习更是不感兴趣，经常被父亲和老师揍，但他一直我行我素。直到 20 岁那年，家道的衰落让他决定痛改前非，从此，他的学业成绩突飞猛进，23 岁在全国医学会考中取得了第一名的成绩，43 岁被聘为德国莱比锡大学的哲学教授，47 岁创办了世界上第一个心理学实验室，使莱比锡大学成为世界心理学的中心。他余生都勤奋治学，写出了 500 多部著作，成果斐然。

获得诺贝尔物理奖的华裔科学家丁肇中先生曾经谈到，当初他从理工科转到物理系的时候，他当教授的母亲委婉地劝告："学物理的人要特别有天分才可以。"丁肇中回答母亲："一个人在世界上只走一次，要靠自己的兴趣向前走。"他的母亲虽然不看好他，却没有阻止，因为她一向尊重孩子的选择。于是，"兴趣＋勤奋＝超越"造就了一位物理学大师。

很多家长把孩子成绩不好归因于遗传基因不行。心理学家的研究表明，人类的智力分布基本上呈两头小、中间大的正态分布形式。也就是说，智力发展水平非常优秀的人和智力落后的人在人口中只占很小的比例。那么，从 8 种以上的智力类型中进行选择，几乎每一个孩子都可以说"天生我材必有用"。当然，这有一个前提，那就是孩子能够得到恰当的教育。

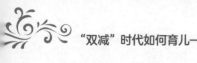

3.1.2　婴幼儿的能力养成有"敏感期"

农耕时代有一句谚语叫作"'过教'的牛儿不会犁地"，意思是说，小牛儿在出生后的一年以内学不会犁地，就无法成为耕牛了。也就是说，训练小牛学会拉犁耕地的敏感期，在小牛出生后的一年以内，过了这个时期，这头牛就只能成为等待被屠宰的菜牛了。儿童的成长过程中同样也存在着这样的情况。

1920 年，印度传教士在加尔各答西南的山林里救出了两个女狼孩，她们已经具备了狼的生活习性。2 岁多的狼孩回到人间不到一年就去世了。8 岁的狼孩 4 年后学会了 6 个单词，5 年后才学会直立行走，到 17 岁去世前还没有真正学会说话，智力只相当于三四岁的孩子。

这个著名的狼孩事件充分说明了早期的生活环境对于儿童的语言能力和智力发育具有决定性的影响作用。近年来，"敏感期教育"这一观念也越来越得到家长的认可和推崇。

意大利幼儿教育家玛丽亚·蒙台梭利（Maria Montessori）认为，"儿童在敏感期内拥有一种特殊的内在活力，能够以惊人的方式自然而然地吸收、学习……当度过了敏感期后，人们心智上的发展只能通过思考、努力和研究才能实现"[①]。因此，无论是行走，还是语言、绘画或是音乐、数学，如果家长能够抓住孩子的敏感期，对孩子加以引导，就能取得事半功倍的效果。错过了敏感期，就会影响儿童能力的充分发展。

我在女儿小时候并没有关注到蒙台梭利的"敏感期教育"理论，我只是顺应女儿的成长规律，到了某个阶段就根据这个阶段的特点和应掌握的能力进行引导和教育。时过境迁之后，我才从这些理论中寻觅到一些养育成功或失败的理论依据。

---

① 蒙台梭利 M.蒙台梭利儿童敏感期手册 [M].蒙台梭利丛书编委会，编译.北京：中国妇女出版社，2016：4.

从我个人的理解来看，能力和行为习惯养成的初始阶段就是教育的敏感期。如果敏感期得到良好的教育，学龄期却缺少有效学习，孩子的能力也会趋于平庸。比如，北宋王安石所写的《伤仲永》一文中的仲永。仲永 5 岁作诗，名扬乡里，于是，他的父亲带着他四处显摆牟利，没有让他继续学习，仲永到十二三岁的时候，文采大不如前，20 岁的时候则和普通人没有什么区别了。

我们的孩子并非像狼孩一样生活在与世隔绝的环境中，很多能力在日常生活中自然而然就养成了。敏感期教育不足，能力可能难以达到超常天赋的程度，但"勤能补拙"，学龄期经过努力，也能达到不错的水平。后文中会谈到，我女儿的语言表达能力在敏感期没有得到充分的锻炼，但经过努力，也可以取得相对优秀的成绩。

后续我将谈一谈关于孩子能力培养的几点浅薄感悟，仅供参考。

3.2　数理思维能力的锻炼

在我的求学生涯中，数学是我学得最辛苦的学科，因此，我一直很注重对女儿进行数学能力方面的培养。

3.2.1　计算能力的启蒙教育

当女儿能够说出生活中各种物品的名称以后，我就开始引导她了解数的概念。刚开始她对"1"的概念理解比较慢。当我拿着苹果对她说"这是'1个'苹果"时，女儿只会懵懂地跟着说"1个苹果"，连续两三天我反复用实物重复告诉她"1个"的概念以后，她终于理解了"1个"的含义。接着再教她认识2个、3个、4个……当她对数量有了具体的认识以后，再用具体的实物教她"1个"再加上"1个"是"2个"……

幸亏我没有一开始就机械性地教女儿背诵"1、2、3……"，正如

第2章第1节中所介绍的，一两岁的孩子还不具备抽象思维能力，单纯地背诵除了锻炼记忆能力以外，并不能帮助孩子理解这些数字所代表的意义。

如果一开始就教孩子背诵数字顺序表，接着背诵计算口诀表，那么，在初级算术阶段，孩子是有可能取得好成绩的。但是，继续深入学习，到了需要运用逻辑思维能力来解决问题的时候，孩子就会感觉脑子转不过来，成绩也会随之滑坡。

在女儿理解了数字的含义以后，我开始在日常生活中随时用实物锻炼她的算术能力。幼儿园阶段则使用带图画的算术练习本进行计算练习。

在具体形象思维发展阶段，反复练习理解数物的对应计算关系，应该有助于将来孩子对于抽象数学运算的理解。

另外，当我接触到"数感"一词时，我意识到，在孩子理解物品的概念以后，紧接着帮助他们理解数的概念，对培养"数感"是很有帮助的。"数感"和语言学习的"语感"一样，影响着计算数学的学习水平，同时在日常生活中也有所表现。

我们一家三口，只有我一个文科生。我在家里包饺子，向来都是估摸着准备材料，有多少料就包多少，吃不完就剩下，从来不会去数具体包了多少个。但是，女儿到了小学高年级以后，每次她都会习惯性地数一数，然后告诉我一共包了多少个饺子、平均每个人吃几个。平时吃饭，只要是能够数出数量的菜品，哪怕她再喜欢吃，也都是吃完平均数就不吃了，只有我劝她多吃一点，她才会多吃几口。

第一次和先生一起去超市购物，我按照惯例把选好的几十件商品扔进购物车，然后推着装得满满的购物车直接去收款台结账，先生却在结账前告诉我总共选购了多少钱的商品！从那以后，每次需要计算的时候，我都把他当作随身的"智能计算器"，几乎没有出过差错。偶尔他也不耐烦："唉！这么简单的计算你还问我！"可是，怎么办呢，我就是不喜欢动脑筋去算啊！于是，先生除了用无奈的眼神表达一下抗议以外，也只好接受现实了。

其实，我沉下心来认真思考还是可以进行计算的，在单位的工作中也经常要算账，而且，我做出的报表质量还不错。可惜，在日常生活中我对于数字就是不够敏感，也不喜欢算数。大家一起玩扑克的时候，数感好的人能根据出牌情况把每一个人手中的牌算得清清楚楚，而我，完全依靠牌运。这种对数字的不敏感，应该就是导致我的数学成绩无法出类拔萃的原因之一吧！

3.2.2　空间想象能力的启蒙引导

说到空间想象能力，马上想到的就是立体几何。没错，我的立体几何就是学不好！除此之外，物理的串联电路和并联电路、化学的实验设计图等也是我的弱项。地理虽然是文科，但是跟先生讨论地理问题时，我经常败北，因为我脑海中的地图是平面的，而不是立体的。而女儿说，文科的课程里，地理最简单。由此可见，在各个学科的学习中，空间想象能力的重要性远远超出了我曾经的想象。

女儿可以玩积木的时候，我很注意锻炼她的图形识别能力和空间想象能力。最初，通过简单的积木，女儿知道了大小、粗细、高矮等属性。当女儿开始玩比较复杂的立体积木和拼图的时候，我经常抽空陪她一起玩，在玩的过程中教她认识圆形、三角形、正方形、长方形、球体、立方体、长方体等各种形状，并告诉她一些拼接规则，比如两个相同的三角形可以拼成长方形或平行四边形等，同时鼓励她自己尝试新的图形拼接。她经常自己一个人拼插、拆卸、重组，可以玩很久。一套积木玩腻以后，我又给她准备另一套新的更复杂的积木。在我的刻意训练下，女儿日后的立体几何学得很轻松。

孩子的空间想象能力应该是从出生后的触觉体验和视物开始发展的。婴儿出生以后，首先要认识周围的立体环境。长大一些以后，他们开始扔东西、拍球、爬上爬下、滑滑梯、荡秋千、玩水、玩沙子……在这些活动中体会方位和空间的落差和存在感。女儿两岁多的时候，我们带她到朋友家玩，我们在朋友家待了多久，她在朋友家的楼梯上就玩了多久，一个人爬上爬下玩得不亦乐乎。每次玩水、玩沙子、玩滑梯也都是玩得忘乎所以，开心得不得了。这大概就是蒙台梭利所说的，儿童在敏感期征服世界时所体验到的幸福和满足吧。

人们常说小时候调皮的孩子聪明，估计也是和调皮的孩子喜欢上蹿下跳，空间想象能力得到很好的启蒙开发有关。

听我母亲说我小时候是"打过包"的。"打包"，就是把新生婴儿的手脚拉直，用包单把婴儿紧紧裹住。很多地方都有这种习俗。毋庸置疑，这种习俗完全禁锢了婴儿探索世界的自由。另外，小时候，出于安全考虑，父母对我限制颇多，和小伙伴们玩耍时，我也是一副乖乖女的形象。因为太乖了，所以我缺少对空间存在感的探索，于是，到了初高中阶段，需要运用空间想象能力的时候，学习就开始感觉吃力了。

过去传统的看法认为，理科是男生的天下，女生因为生理差异，理科方面不如男生。但实际上，理科也有很多女生学霸，高考理科状元中也有不少是女生。我认为，女生的理科成绩差，不一定是因为生理原因，很可能是因为思维差异，而这种差异应该是在早期教育过程中形成的。

3.2.3　发散思维能力的启蒙培养

女儿在发散思维能力方面的锻炼，最初得益于她5岁时爱不释手的一套《脑筋急转弯》。这套书一共20本，巴掌大小，带拼音和插图。书中的内容都是诸如"将要到来却永远也来不了的是什么？""明天！"；

"拿什么东西不用手？""拿主意！"等超出常理的问答。这类书对成年人来说是脑筋急转弯，但是，对于思维没有定式的孩子来说，我认为可以称之为思维拓展。那段时间，只要家里来了客人，女儿就会抱着她的小书向客人们提各种问题，看到大人们被难住，她就会小小得意一把。

不过，她的这种天马行空的跳跃性思维给她在小学初中期间的语文阅读理解造成了一定的困扰。小学时她经常会问我，这段话为什么一定要这么理解呢？我认为我的理解没有错啊！虽然语文曾经是我的强项，但是对于现在小学、初中的这些阅读理解题的答题标准也不甚了解，只能遵循应试教育的方法，让她在反复练习中掌握答题的套路。

另外，网络上陪孩子写作业的段子中，我曾经看到过如下内容。

问题是："总共有 9 只兔子，那么，去喂兔子要带几根胡萝卜？"

孩子的回答是："带 8 根去，因为有一只兔子不想吃！"

段子中的家长为此抓狂了！

在我看来，这个孩子的回答非常好，既会计算，还考虑到了特殊情况，这种发散思维应该鼓励而不是打击。当然，现在的教学中出题都有一个前提，那就是排除特殊情况，那么我们跟孩子说明这个前提就好了。

如果在孩子思维形成之初就尽量放开思维的宽度，不要形成思维定式，那么，孩子的思路就会开阔一些，在学习数理学科的知识时，头脑就会表现得更灵活一些。

3.2.4　小学奥数对思维能力的锻炼

学龄期的孩子正是逻辑思维能力发展的时期。心理学家的研究成果告诉我们，逻辑思维发展进程又有如下几个关键时期。

◎ 小学三四年级左右是从以具体形象思维为主要形式过渡到以抽象逻辑思维为主要形式的关键期；

◎ 从初中二年级开始，中学生的抽象逻辑思维能力开始从经验型水平向理论型水平转化；

◎ 高中二年级时，经验型向理论型的转化基本完成，标志着他们的抽象逻辑思维趋向成熟，接近成年人的水平，"表现在思维成分趋于稳定、个体思维品质和类型的差异趋于定型、思维的可塑性大大减少三个方面"。

也就是说，学龄时期的儿童越是经常动脑思考，逻辑思维能力就会越强。[①]

相对于我们那个时候学校简单的教学内容，奥数包含了逆向思维、空间思维、立体思维、发散思维等很多种思维方式，更能锻炼孩子思维的敏捷性、灵活性和深刻性。这个锻炼强度，就如同普通孩子在学校每天跑400米，而学奥数的孩子放学后每天跑800米一样，锻炼的强度大了，能力自然就会更高一些。不过，如果跑800米是孩子的极限，却为了一争高低，强硬逼迫孩子跑1500米甚至3000米，那就不是锻炼而是摧残了。对孩子来说，这是有百害而无一利的。

除了奥数以外，逻辑思维训练题、走迷宫、猜谜语、填字游戏、数独游戏、魔方、棋类等需要动脑思考的益智活动，都能锻炼思维能力。家长可以根据孩子的天赋和兴趣倾向进行选择。

3.3 语言能力的培养

3.3.1 婴儿期的母语环境影响孩子语言表达的丰富性

女儿在阅读理解、作文、口语表达方面的表现一直不太突出，这可能和婴儿期的生活环境有关。

---

① 刘文.心理学基础 [M].南京：南京大学出版社，2018：194.

我产假期满上班以后，一直从老家请人过来照料女儿。频繁更换照料人、单调且带着方言的语言环境，导致女儿的早期语言积累不够丰富。

蒙台梭利指出："儿童只有先听到身边人说话，之后自己才能够说话。语言器官的运动一定要有他们头脑中的语音信息作为基础。"[①]

一岁以内的孩子从不会说话到咿呀学语是一个从量变到质变的过程，量的积累有欠缺就会影响质的饱和度。现实生活中的很多事例也证明，婴幼儿的亲密照料人越喜欢唠叨，孩子长大以后话越多。

有声读物、收音机、播放机等也可以丰富语言环境，可惜我当时没有考虑到。

我将生活的重心转向家庭以后，一直很注重提高女儿的语言表达能力。在日常生活中，我经常鼓励女儿跟我斗嘴，教她学会辩论，再三对她强调表达能力的重要性。我曾对她说："如果你有了一项科研创新，只有把你的创新内容清晰简洁地表达出来，让人们能够理解，你的创新才能对社会做出贡献。否则，再好的创新也没有办法服务社会。"由此，女儿主观意识上很注重锻炼自己的表达能力。从结果来看，她也确实取得了比较大的进步。但是，她的语言表达能力仍然无法达到特别优秀的水平。

200年前的卡尔·威特在《卡尔·威特的教育》一书中写道："生来具备100度潜在能力的儿童，如果从一生下来就给他进行理想的教育，那么就可能成为一个具备100度能力的成人；如果从5岁开始教育，即便是教育得非常出色，那也只能成为具备80度能力的成人；而如果从10岁开始教育，教育得再好，也只能达到具备60度能力的成人。这就是说，教育开始得越晚，儿童的能力实现就越少。"[②]这一观点与敏感期教育理论相近。

---

① 蒙台梭利 M.蒙台梭利儿童敏感期手册 [M].蒙台梭利丛书编委会，编译.北京：中国妇女出版社，2016：112.

② 威特 C.卡尔·威特的教育 [M].刘恒新，译.北京：京华出版社，2004：30.

3.3.2　阅读兴趣早培养

阅读能力是学习能力中最基础的能力，在婴幼儿时期培养阅读兴趣，将令孩子受益终身。

因为我小时候就是在阅读中长大的，所以我非常重视对女儿阅读能力的培养。从她可以看图画书开始，我就给她买来适合她那个年龄段的书陪她一起看，给她讲解书中的内容。当她可以自己看书以后，我经常带她到书店，让她挑选自己喜欢的书，同时我也给她提一些建议。付款前我会对她挑选的书进行筛选，筛选的原则就是内容要积极向上、要有阅读的意义，比如，对于漫画类的书我会提出反对意见。从幼儿园到高中，她的书柜总是塞得满满的，经常需要处理掉一些看过的书，才能够放得下新书。

遗憾的是，我在女儿的阅读引导方面还是存在着欠缺。在女儿的婴幼儿时期，我经常给她讲故事、唱儿歌，却没有引导她去欣赏诗歌散文。这导致女儿非常喜欢故事类、科普类的图书，对诗歌、散文、美文美句等却兴趣缺乏，偏偏这类作品才最具有汉语的美和韵味。因此，即使读书不少，但女儿的记叙文写得并不出彩。

近几年教育界提出了"大语文"概念，就是通过阅读提高学生的语言表达能力，形成良好的思维方式，培养美好健康的情感与心理认知，完善和提升自身的人格与人文修养。为了达到这一目的，就一定要求学生读好书、读经典。学校会给不同年龄段的学生推荐适龄的阅读书目。这些从经典中挑选出来的书确实值得一读。不过，这些被推荐的书目里难免有孩子不感兴趣的图书，我一般会根据阅读的必要性来劝说女儿试着读一读，如果她实在不喜欢，我也尊重她的意愿，以免破坏她的读书兴趣。

曾有家长为了帮助孩子实现海量阅读，从小就给孩子推荐各种书籍，硬性要求孩子阅读，这样很可能会有损孩子的阅读兴趣。如同孩子爱吃的美食，孩子想吃的时候才吃，这个美食对孩子会一直有诱惑力；如果规定孩子每天必须吃一次，孩子一定会产生腻味和反感的。因此，保护孩子阅读兴趣的前提是给孩子自主选择的权利。

从小没有培养好阅读兴趣的孩子，可以用他感兴趣的事情作为奖励，比如，读完一本书并能讲述书的大概内容，就给相应的奖励，以此引导孩子体验阅读的乐趣，从而养成阅读的习惯。

3.3.3 幼儿期多听多说锻炼表达能力

女儿小时候，她经常一个人沉浸在阅读之中，在外人面前表现得胆怯腼腆，话不多。如果那时我多鼓励她给我讲故事，多向她提问，或许她的语言表达能力会更强一些。因为看书只是一个输入的过程，可以增长见识、扩展视野、提高思维能力、增强记忆力……；而表达则是一个输出的过程，在这个过程中需要对脑海中的信息进行归纳、总结、提炼、加工，然后用语言表达出来。所以，阅读和表达，锻炼的能力并不相同。

女儿上高中后经常给同学讲题，她曾经对我说："妈妈，我发现我给同学讲完题以后，思路更清晰了，对知识点的理解也更透彻了。"同理，在孩子语言发展的敏感期，鼓励孩子多复述、多表达、多思考，也一定能够促进孩子理解语言之精妙，从而提高语言的组织能力和表达能力。

3.3.4 外语启蒙不宜过早

女儿出生以后我就开始了对她的外语启蒙。我经常给她唱外文歌、听英语儿歌的录音等。这对她的语言表达能力也带来了一定的负面影响。

婴儿期的孩子学习语言是无意识的。那时候，女儿的语言环境中除了普通话以外，还有方言、英语等，这就干扰了她对母语的理解，导致她开始有意识说话的时间偏晚。

而且，婴儿期开始的英语启蒙对于女儿日后的英语学习并没有什么帮助。因此，建议外语学习最好在孩子能够用母语清晰地表达出自己的意愿以后再开始。

3.3.5 写作需注重日常积累

从小学到高中，女儿的作文成绩一直不突出。但是，经过不懈地努力，她的写作水平也有了提高。

一般来说，记叙文的六要素"时间、地点、人物、事情的起因、经过、结果"，议论文的三要素"论点、论据、论证"，孩子们都知道。然而，好作文还要求选材新颖、语言丰满、构思巧妙，这就需要在生活中积累素材，在阅读中提高文学素养，在反复练习中提高写作技巧。

◎ **素材积累**

很多学生拿到作文题以后不知道该写什么，就是缺少日常积累所致。女儿高中班上的语文尖子生在介绍学习经验时说道："日常学习和生活中，感觉有意义的事情都会记录在小本子上。"这样写作文时素材手到擒来，不会觉得无话可说。

我女儿小学和初中期间，对写作提不起兴趣，因此她的记叙文写作一直都不出彩。她高中刚开始学写议论文的时候，我提醒她："这是你作文成绩提升的机会，议论文写作除了要求论点明确以外，更要求有充分的论据，所以你一定要注意多积累论据方面的素材。"

同时，我也通过短信方式与语文老师进行过深入的沟通。我向老师介绍了女儿的基本情况并表达了我的担忧和无奈。语文老师是一位教学经验非常丰富的老教师，很负责，也很和善。他告诉我他对孩子有信心。

此后，一方面女儿在思想上重视素材的积累，读了很多文章，做了很多摘抄；另一方面有了经验丰富的语文老师的悉心指导，女儿的议论文写作水平显著提高。虽然在高中阶段语文仍然是她的弱项，但是她的语文整体水平较初中阶段有所提高。

我上学的时候，父母对我管得比较严，找不到课外读物，我就在学习烦闷的时候，把成语词典反反复复地当故事书读。短小精悍的成语故事中浓缩着世间百态和人生哲理，对于理解人生真义颇有助益。女儿不可能静下心来读成语词典，于是，她的书架上便多了一些带插图的成语故事书。这些成语故事也是写议论文的极好素材。

◎ 提高写作技巧

"眼里过千遍，不如手里过一遍"，写得多了，自然就熟能生巧。有家长从小学开始鼓励孩子写日记、发微博，培养孩子关注生活中点滴小事的习惯。

一位在家门口上普通小学的学生对家长说："我最讨厌上语文课！"于是，家长私下找到语文老师，请求语文老师每次布置寒暑假作业时，一定要给自己的孩子每周多加一篇作文，并请老师对孩子解释，这样做的原因是非常看好孩子的潜力，要把孩子作为重点对象培养。家长同时也很注重引导孩子广泛阅读。这个孩子考进当地最好的初中以后，语文成绩一直保持在年级前三名，作文经常得到老师的夸奖。

对于女儿得分比较低的作文，我曾经要求她仿写范文。高中学习态度端正一些以后，她执行得比较好。每次听老师点评范文以后，先仔细琢磨范文的构思和写作技巧，然后再自己动笔写一篇相似但不雷同的文章请老师点评。这对于提高写作技巧也有一定的帮助。

此外，建议孩子多背诵经典诗词和文章。孩子在背诵的过程中，文章巧妙的修辞、畅达的语句、精巧的构思都会在不知不觉中潜移默化成为自己能力的一部分，文学素养自然随之提高。

3.3.6　幼时的爱和陪伴影响孩子语言能力的发展

无论是婴儿期的语言环境，还是幼儿期的对话交流，都离不开爱的陪伴。由于我忙于工作，女儿幼时缺少亲情陪伴，所以，尽管她很喜欢阅读，但是，写作水平和阅读理解水平一直都是学业的短板。

我小时候虽然物质生活不富裕，但是母亲一直陪伴在我身边，给予我最悉心的照料，并经常给我讲故事、唱儿歌。而且，我的身边从来都不缺少同龄的小伙伴。

父亲在写字、认字方面对我教导颇多，他会在不同时期有针对性地引导我阅读。小时候看过居里夫人的故事、爱迪生的故事、春秋战国故事等，我至今记忆犹存；初中时父亲拿着他写满批注的《古文观止》带着我阅读经典的场景也历历在目。

另外，小学期间担任学生干部，组织班级各项活动，对我的语言表达能力和组织能力也是很好的锻炼。

因此，我上学期间的作文经常被语文老师选作范文。

尽管语文曾经是我学得最轻松的学科，但是，我却不知道该怎么去帮助在语言发展敏感期没能得到很好锻炼的女儿。我给她报过阅读写作课，买过优秀作文集以及讲解阅读理解答题技巧的书，但是效果都不理想。无奈之下，我只能根据自己的经验，尽可能地帮助她扩大阅读量。

3.4　自主学习能力是终身学习的利器

3.4.1　为什么要强调自主学习能力

时代的车轮滚滚向前，总有一些行业慢慢被淘汰，又有一些行业逐渐兴起。改革开放初期，外语人才奇缺，归国留学生个个都是香饽饽，而现在，操着一口流利的外语参加国际会议的人才比比皆是，人工智能机器翻译的准确度也越来越高；曾经银行的柜台接待员渐渐被智能机器替代；从1971年第一台个人电脑问世以来，电脑的体积、性能及普及率发生了翻天覆地的变化；过去走街串巷的小商贩消失了，取而代之的是快递员、网红带货，等等。人这一生中，不想被时代淘汰，唯有顺势而为，不断学习。

同时，在当今信息爆炸的时代，知识技术更新换代的速度越来越快，专业技术人员必须不断学习新知识，才能够在既有知识的基础上进行开拓和创新，才能利用新知识解决实际问题和困难。因此，社会对专业技术人员的自学能力和独立思考能力的要求也越来越高。

另外，针对中等职业学校和高等职业学校学生的全国职业技能大赛涵盖了各行各业的专业技术工种，比如，焊工、钳工、机器人技术应用等等，能在这些比赛中拔得头筹的，一定是勤思考、爱专研、动手能力强的孩子。"三百六十行，行行出状元"，成为状元的首要条件仍然是具备很强的自主学习能力。

能够顺应时代发展，在工作和生活中表现优秀的人，一定具备很强的自学能力。学校为适应社会发展的需求，也会越来越注重对学生自主学习能力的考查。可以说，自主学习能力是一个人的核心竞争力。

3.4.2　为什么要"坚决压减学科类校外培训"

我刚上小学的时候，父亲很重视我的学习，每到寒暑假他都会亲自把下一学期的数学课本内容给我讲一遍，那时候，我在学校的数学成绩几乎都是满分。但是，随着教学难度的加深，父亲无法继续辅导我的时候，我的数学成绩就开始出现明显的滑坡。在我的整个中学学习中，数学成了我投入时间最多、成绩最不理想的学科，同时其他理科成绩也不够优秀。而我妹妹出生以后，父亲没有那么多的时间和精力再对她进行贴身辅导了，反而，她的数学成绩比我好。有小学数学老师就曾对我父亲表达过我妹妹比我聪明的看法，而我妹妹学的就是理科。

我的数学学习出现这种情况的原因在于，前期的被动学习错失了主动阅读和思考、主动锻炼思维能力的机会，当需要自主学习的时候，思维能力和学习习惯就跟不上学校的教学要求了。

"双减"政策出台之前，有的家长习惯于花钱把孩子的所有课余时间都交给课外班或一对一辅导。这种全天候浸泡在课外班的孩子，和当初的我一样，接受的是"灌输式教育"，这种教育方式和自主学习的方式的差异在于，对知识的"品味"效果以及对思维能力的锻炼上。

我们可以把知识比喻成一大桌美味佳肴，自主学习的人是自己吃，而接受灌输式教育的人则是被人喂着吃。自己吃的人要自己决定先吃哪道菜后吃哪道菜，品味够了再吃下一道菜，一顿吃下来能知道哪道菜回味无穷，哪道菜少了点调味料；而被喂的人，吃哪道菜不吃哪道菜由不得自己选择，刚吃一口还没有咀嚼够呢，下一口又来了，一顿吃下来大概都不记得吃了什么了。这样，同样一桌子佳肴，品味消化的效率大不相同。同样的课程，自主学习和被动听讲的学习效果差异也在于此。

本来小学阶段以前的菜品很简单，只有一两道菜，自己吃和被人喂差别不太大，但是，被人喂的情况下，缺少了主动观察、主动品味的习惯，当没有人喂的时候，就会变得手忙脚乱。而且，即使同时处于被喂状态，学会自己吃的人肯定会边吃边盯着桌上的菜肴，吃的过程中也会习惯性地细嚼慢咽，记住各个菜肴的不同味觉；而习惯性被喂的人往往把注意力放在喂自己的人身上，机械被动地吞食着菜肴，对菜肴缺乏用心的"品味"。菜肴的品种越多，品味效果的差距就会越大。这也是有的学生，虽然学习态度端正，上课认认真真听讲，笔记做得整整齐齐，但是，学习效果却不理想，思维表现不够灵活的原因。

品味消化效果的差异终会影响大脑对于食物味觉的感受灵敏度。放在学习上，影响的就是一个人的学科思维能力，也就是该学科学习"天赋"的高低。同时，对食物味觉的感受灵敏度高的人，自己掌勺时，更容易制作出美味的食品。放在学问上，这就是一个人的创新能力。

学生通过课外班的精准辅导或重复学习，也有可能取得好的考试成绩。但是，孩子一直是被动听讲，背题型、记解法，缺少主动寻找问题、提炼和消化知识精华、自主掌握知识精髓的过程。离开了课外班，孩子的学习效果自然就会大打折扣。欠缺对知识的深度理解和思考的能力，创新能力也会受到限制。

如果学校选拔出的人才都是被课外班"喂大"的，那么，全社会的创新能力都会被拖累。在大国间正在进行尖端科技水平角力的今天，即使政策会对部分行业从业人员的生活和事业造成冲击，国家也不得不如壮士断腕般地强力推出"坚决压减学科类校外培训"的规定。

3.4.3　女儿学业不断进步的"秘诀"就是自主学习

我女儿上学的时候，正是课外班如火如荼的时期，每到周末或节假日，知名机构培训班所在地的周边就会停满了接送孩子的车辆。

女儿由于时常感冒发烧，我必须保证她有足够的休息时间，因此，只要她有能力自学的内容我都让她自学。只有小学奥数、初高中阶段的竞赛课程，因为学校不教，升学考试又要考，才不得已去上课外班。为此，不仅节省了教育成本，而且锻炼了女儿的自学能力和思维能力，大大提高了学习效率。

我们那时候的小升初和现在不一样，只看重奥数成绩，家长孩子压力都很大。别的孩子同样内容的奥数班上三四个的时候，女儿每周只上一次奥数课，平时自己复习课堂的学习内容；别的家长为孩子请名师一对一辅导冲刺考试的时候，我停掉了课外班，安排女儿把所有讲义和课堂笔记整理出来，全部自己复习一遍，重点复习错题和难题；当发现女儿压轴题丢分严重的时候，我到图书城给她选购有针对性的辅导书，要求她自学……当时所做的一切都只是为了节省学习时间，以保证女儿的身体健康。不承想却歪打正着，本来输在"起跑线"的她，在小升初的选拔考试中脱颖而出。同时，从小养成的自学习惯让女儿的思维能力得到了充分的锻炼，这是她初高中阶段在保证充足睡眠的前提下，学习成绩还能够持续进步的主要依仗。

时过境迁之后我发现，虽然纠正学习态度、改变学习习惯和学习方法、培养自学能力、督促孩子夯实基础知识是一件劳心耗神的事情，但是，这也是提高孩子学业成绩的最有效途径，同时也是帮助孩子适应时代发展变化的不二法门。

3.4.4 怎样培养自主学习能力

◎ **在阅读中培养自主学习能力**

女儿还不识字的时候，我经常拿着绘画书绘声绘色地给她讲故事，由此，引起了她对书中故事的强烈兴趣。当她开始学习拼音的时候，我对她说："如果你学会了拼音，这些图画书里的故事你就可以自己看了，不用再等到妈妈有空才给你讲了哦！"因此，她学拼音很认真，学会拼音后，就自己看拼音读故事，在读故事的过程中，自己又认识了很多字，以至于在小学的入学测试中，测试老师都惊讶她的识字能力。

这是女儿最初的自主学习经历。这段经历很好地锻炼了她的专注能力、思考能力、理解能力，为她日后的自主学习奠定了良好的基础。

女儿的这段经历也说明，浓厚的兴趣是自主学习最强劲的动力。纵观那些"天才"，无一不是在浓厚的兴趣中，靠自主学习成长起来的。可以说，兴趣和好奇心是塑造学习型大脑的最佳"利器"。

◎ **预习就是自主学习**

在女儿上初中后的寒、暑假，我会安排她通过阅读学科教材的详解辅导书来提前预习下一个学期的内容。

　　厚厚的一本书对于求知欲不是很强烈的孩子来说，是缺乏吸引力的。于是，我利用挣积分游戏，把整本书的内容尽可能地细分化，这样女儿学习就比较轻松了。

　　女儿开始自主学习一本书之前，我会和女儿先商定挣积分游戏的规则。具体规定学会一个题或者一个章节挣多少积分，并要求女儿据此做出学习计划。

　　同时，我要求学习效果必须达到我抽查的内容全部回答正确。虽然我的数理学科成绩不好，但是书上的例题都有答案，我可以照葫芦画瓢地参照答案考查她。

　　于是，女儿学习时的目标由厚厚的一本书，变成了一个小题或者一个小章节，边学还可以边算算自己挣了多少积分。这种简单的、小小的奖励能让她享受收获的过程，从而在学习过程中内心保持满足感。

　　因为规则是她参与制定的，所以，她不是被动学习，而是主动学习，学习效率自然会大大提高。

　　通过小小的游戏规则，把大目标细分成一个个小目标，这对提高女儿的学习兴趣，培养自主学习能力起到了非常积极的作用。

　　◎ 日常生活中锻炼自主学习能力

　　除了书本知识以外，孩子在生活中也不断地学习着。出生以后，他们一直很用心地学习各种运动和生活技能，探索身边的一切未知事物。在保证安全的前提下，放手让他们在失败中反复探索、反复动脑思考，也是培养孩子主动思考问题、学会解决问题的重要契机。比如，孩子刚开始学吃饭的时候，可能会将饭菜撒落在餐桌上，但是经过反复探索，他一定会掌握好不撒饭这个技能。在这个过程中，如果家长为了干净而过度地干预，就会妨碍孩子探索的热情和思考习惯的养成。

3.5 能力培养既应尽力而为，也要量力而行

学习能力和运动能力一样，不锻炼不可能成长；锻炼过度或者方法不当，可能引起肌肉拉伤，甚至影响继续运动的能力。

3.5.1 不"浇水""施肥"难以"静待花开"

有的家长信奉"放养"和"静待花开"。然而，"放养"的效果取决于环境的熏陶和言传身教的作用；一颗种子种下以后，如果缺少足够的水分和养分，没有适宜的生长环境，再怎么"静待"也等不来"花开"。

现代科学研究告诉我们，婴儿刚出生时的脑重量是成年人的25%，1岁时达到50%，2岁时为75%，到六七岁时则达到成年人的90%。也就是说，六七岁以前是儿童大脑快速发育的时期。这也是"三岁看小，七岁看老"以及敏感期教育理论的科学力证。抓住这一时期，塑造孩子的行为习惯、性格秉性、学习能力等，是帮助孩子轻松赢在未来的关键。

儿童在探索、观察、发现、联想、反复的失败体验、思考、分析、推理、想象、创新中发展着思维能力，因此，给孩子自由玩耍的空间，让他们在反复失败中摸索学习生活技能和运动技能，给他们提供可以探索和思考的环境，给他们提供符合年龄特点的教育就是在锻炼思维能力，也就是开发孩子的智力。在日常生活中肃正家风家规，建立良好的家庭氛围，做好言传身教的榜样，就是在塑造孩子的人格和行为习惯。

也许我的同龄人中会有人反驳说："我们小时候哪里有家长管？脖子上挂着家门的钥匙，都是自己管自己。那我的成绩也不差呀！"我妹妹也曾经对我说："小时候爸爸老管你，但他都不怎么管我，我不也学出来了吗？"不可否认，虽然我们那个时候的家长不像现在这样关注教

育问题，但是，就算家长不怎么管，我们努力学习的品质也是在家庭环境的潜移默化中培养出来的。并且，自我管理型的学习更能够锻炼独立能力和思维能力。而我的妹妹与我这个品学兼优的榜样朝夕相处，她不可能不好好学习。相反，有的父母下班回家后就带着孩子玩游戏、追剧，孩子怎么可能爱上学习呢？

3.5.2　"揠苗助长"不可取

有些人倾向于以孩子呈现的知识水平高低，来判断早期教育的成功与否。但如果违背孩子的成长规律，单纯地灌输知识，最后的结局往往会事与愿违。

美国哈佛大学曾经有一位很有名的"人造天才"名叫赛达斯。他的父亲是哈佛大学心理学的荣誉教授。因为他的父亲认同"人脑和肌肉一样可以锻炼"的观点，所以，在小赛达斯出生以前，他就准备了在儿子身上进行一系列试验的计划。赛达斯一出生，他的摇篮周围就挂满了英语字母卡片，并且不断地发出字母的声音。赛达斯刚学会说话，各类教科书就取代了儿童玩具。于是，赛达斯从小就被各种几何、数学和多国外语所包围。赛达斯的整个婴幼儿时期都在苦读中度过。在这样的高压训练下，赛达斯6个月就会认英文字母，2岁就能看懂中学课本，4岁就发表了500字的文章，12岁就破格进入哈佛大学，很长一段时间里，他都是媒体争相报道的对象。然而，长期过度的智能训练使他感到压抑，他的神经系统开始失常，而他的父亲还在继续给他压力。他14岁时，终因经常莫名其妙地痴笑被送进了精神病院！痊愈后的赛达斯凭借着高超的学习能力以优异的成绩顺利从哈佛大学毕业，但是此时的他却对这种高压下的生活产生了严重的厌恶情绪，热切渴望过正常人的普通生活。于是他离家出走，隐姓埋名，在一家商店里当上了普通的店员。①

---

① 刘文.心理学基础 [M].南京：南京大学出版社，2018：266.

从以上这个案例可以看出，一个人的学习能力确实是可以锻炼出来的。然而，如果忽略了孩子的个性发展以及孩子成长过程中的基本心理需要、情感发展需求、社交需求等，那么，这种学习能力终归是无源之水、无本之木，发挥不了它应有的作用。古往今来，像这样年少成名的"天才"终归于平庸的例子并不鲜见。

　　如果把一个人的能力比喻为一把刀，学习能力就是刀刃，学习能力越强的人遇到问题越能迎刃而解；身体状态和心理状态则是刀的硬度和韧性，如果刀的材质缺乏足够的硬度和韧性，遇到坚硬一点的阻力就产生豁口，那么这把刀就称不上是一把好刀。因此，在任何情况下，孩子的身体健康和心理健康远比学业成绩重要得多。

第 4 章
学习态度决定学习能力发挥的程度

从现在的生活水平来说，孩子们的智力水平差距不会太大，即使有，也可以通过"勤能补拙"缩小差距。

真正让孩子们拉开成绩差距的往往是学习态度。我女儿曾经学习成绩不突出就是因为学习态度不够端正，其实也是学习动力不足造成的。帮助孩子从"要我学"转变到"我要学"，就成了提高孩子学习成绩的关键所在。

4.1　"佛系"的学习态度

4.1.1　形成的原因

女儿5个半月到7个半月期间照料人频繁更换所产生的分离焦虑导致她对幼儿园的适应能力很差。那两年女儿感冒发烧是家常便饭，我下班后的多数时间都耗在了家到儿童医院的往返路上。那个时候，对孩子发烧医生给出的治疗方案都是打针输液。习惯了打针以后，女儿被扎针时便不再哭闹了。这段经历的唯一好处就是锻炼了她的忍耐力。

进入幼儿园以后，孩子的生活范围开始从家庭迈入集体。孩子在集体中的表现和定位深刻影响着孩子今后的自我认知和定位。女儿胆小内向的个性加上"三天打鱼两天晒网"的出勤状态，导致她上小学以后也习惯了自己在集体中不起眼的定位，同时自卑胆小的性格也得到了延续。

在幼儿园学习各种知识和技能的过程中，孩子对于新知识新技能的学习态度也开始形成。而女儿的所有学习都处于断断续续的状态。比如，芭蕾舞刚上了两次课就发烧请假，再上两次课又发烧请假，最后就不了了之了。其他课程也缺乏很好的持续性和效果追求。即使是一直坚持的钢琴课，也时常因为生病而中断学习。因此，她上小学以后，对学习的认知是懵懂的，学习上缺乏明确的目标和自我要求，反正就是对付着学，学成什么样都无所谓，用现在时髦的话来说，就是学习态度很"佛系"。

4.1.2　对策

俗话说"三岁看小，七岁看老"，七八岁以前养成的习惯和秉性往往会影响一生，但并非完全不能改变。女儿学习上没有目标、没有要求，那么陪伴她的过程中我就不断地给她立目标、提要求；她缺乏努力进取的决心，我就不断地激发她的斗志，给她指明道路，推动她前进。

女儿上大学一年级的时候，某一天我们聊到了清华学生的学习压力问题，我说："清华的家长群里，不少家长说，只要孩子能够平安毕业就好。"

女儿瞟了我一眼，深深地叹了一口气："唉！要是你也能这么要求我就好了，那我就轻松了。"

我反驳她："如果你不玩手机，还每天熬夜到一两点都学不完，我就这么要求你！"

她回答："熬夜多难受呀！我才不熬夜呢！"

当然，进入大二、大三以后，她在宿舍同学的影响下，也开始熬夜了。

清华北大的很多家长之所以按最低的标准要求孩子，是因为这些孩子从小在各个方面的表现都很突出，都是特别优秀的孩子。这样的孩子会一直用很高的标准来要求自己。他们发现自己没有达到预期目标的时候，就会很自觉地发奋努力。在学霸云集的环境中，有些孩子可能会因为无论自己怎么努力都达不到预期的目标而产生抑郁的心理。这样的孩子在高考备考期间也容易陷入焦虑状态。对于这样的孩子，家长确实应该尽可能地帮助他们降低标准，减轻压力。

而像我女儿这种"差不多就行""无所谓"的"佛系"孩子，就需要适当地推一推、压一压，这样才能够尽可能地挖掘出她的潜能。当我把她推到更高处以后，相信她的视野会更宽更广，她的自我目标也会更高更远，环境的熏陶也能改变她的一些思想和行为习惯。

不过，从另一方面来说，因为对于结果不甚在意，所以"佛系"的孩子在面临诸如高考这样的重大事件时，一般都不会陷入紧张焦虑的状态，即使过程再紧张，内心深处也能保持淡定从容，这也是有益的一面。

 ## 4.2 "假努力""假勤奋"

4.2.1 形成的原因

女儿上小学以后，我没能请到合适的住家保姆。每天下午放学以后，家长无法按时接的学生可以在教室自习到下午6点。于是，每天下午5点半一下班，我就急匆匆地开车赶到学校去接她。我加班时，则请小区附近办托管班的大爷大妈帮忙先把女儿接到他们家里。当她发烧感冒在家休息时，则请熟悉的钟点工在家里陪着她，当然真正陪伴她的是家里的电视机。

在那段时间里，她除了每天放学后可以在操场上玩一个小时以外，其他时间都只能安静地待在教室里。刚上小学没有什么课业负担，每天的作业最多半个小时就能写完。余下的时间里，无所事事的她便养成了一个人一边学一边玩的习惯。

在很长一段时间里，我将女儿学习成绩不理想归因于底子差、智力水平不够出众、学习确实有困难，等等。带着包容和担忧的心情，我尽可能地帮助她克服缺点、改变习惯、提高学习效率。直到她上高中以后，我才猛然间醒悟，小学低年级期间养成的边学边玩的坏习惯是导致她学习成绩忽上忽下的罪魁祸首。

如果当初我给她安排一点课外任务，要求她每天提交一份任务完成时间表，并强调只要真实记录、玩多长时间都没有关系，那么情况或许会不一样。时间观念是克服拖延习惯的良药。

根据我的观察，和女儿同样情况的孩子有不少。在女儿的朋友圈里，我曾看到有孩子考试结束后悲观地吐槽："我都这么努力了，为什么还是考不好？"再去观察这个孩子在微信群里的表现，就会发现，这个孩子是有消息秒回，朋友圈里有动态秒赞。可见他是在一边学习，一边看手机。拖拖拉拉学习到凌晨一两点，家长、孩子都认为已经很努力了，可是成绩就是不好。

有人把这种情况称为"假努力""假勤奋"。其实，对于从小养成了边玩边学习惯的孩子来说，他真的就认为自己是努力学习了！就像生活中，有的人付出三分努力就开始怨天尤人，有的人付出十分努力还在默默地负重前行一样。

我女儿曾经给我的假象是她知道要努力学习，她会抓紧时间。但时过境迁之后我才发觉并非如此。所谓"少若成天性，习惯如自然"，孩子在没有外部力量干预的情况下，这种状况会一直持续下去。而我，则是在误打误撞之下帮助女儿实现了一步一步的改变。

当然，也有由于学习能力不足而导致学习效率低下的孩子。就像我读书时，在数学学习上花的时间最多，成绩却最不理想。这样的孩子更多地需要家长的耐心帮助和鼓励。同时，学业方向选择上应尽量扬长避短。

4.2.2　女儿学习态度改变的经过

◎ 从一顿肯德基开始学奥数

最初我通过挣积分游戏帮助女儿实现了很多转变，但是用在奥数学习上却完全失灵！各个市重点中学从三年级就开始通过奥数考试选拔预备生源了。三年级时女儿的奥数学习还没有入门！

陪她上完奥数的课外班后，回家做作业，她总有题不会做；买来奥数辅导书让她看，她要么不想看，要么就说看不懂，给什么奖励都没有用。有时她还来一句："我就是不会呀！你教我呀！"而作为数学"菜鸟"的我，想教，却有心无力！她爸爸那时候整月整月地出差，根本帮不上忙。可想而知，我当时是有多么无奈了。

女儿那时候体质弱，经常感冒发烧，而且我发现她只要连着吃两顿肯德基，嗓子肯定发炎。因此，大概有一年多的时间，即使她挣够了积分，我也不准她去吃肯德基。

某个周末，她又对我软磨硬泡，央求去吃肯德基。我拿起一本奥数辅导书，指着其中的一章对她说："你只要把这一章里的所有例题都看懂了，我考你，你都会做，我就请你去吃肯德基，随便你想吃什么都行！"

女儿在后来的一篇作文中写道："以前听别人说奥数很难，所以妈妈每次让我学奥数，我都坚决地说，不会！不懂！可是，这一次妈妈给出的诱惑实在是太大了，我想都不想就答应了。"

结果，女儿只用了半天时间，就把以前一个星期都学不会的内容全部掌握了。有了这一次经历以后，她发现"奥数其实并不难"，这才开始认真地学习奥数。

◎ 躲在被子里看网络小说被发现以后考进年级前10名

女儿进入初二以后，考试成绩开始进入年级前50名，但是，在初三开学的摸底考试中，排名又跌出了前50。我本来以为成绩有波动很正常，直到发现她躲在被子里看网络小说，我才意识到，她没有考好是因为看网络小说所致。同时我意识到，她的整个暑假都沉迷在网络小说里，甚至在考试前夜，还躲在被子里熬夜看网络小说。

发现这一情况时，距离初三第一次区统考还有两周多的时间，我和老师都非常担心她的成绩会继续下滑。结果却令人大跌眼镜！她这次期中考试居然取得了初中阶段的最好排名，全年级第9名！面对这一出乎意料的结果，我当时仅仅认为，她考试碰到的都是会做的题，运气好、发挥好罢了。直到她上高中以后我才意识到，在那两周多的时间里，女儿因为内疚自责而全身心地投入学习了。她自己也没有想到，全力用心一学，居然可以取得这么大的进步。

当我再次和她聊到网络小说问题的时候，她面带愁容地说："其实我也很想好好学习，可是，有时候就是忍不住。"

我趁机提出："既然你自己管不住自己，那就让我帮你管住你自己。所以，我要知道你的手机密码，方便随时监督检查你的手机使用情况。"正值青春期的她明显有点不太情愿，但是，成绩优秀所带来的成就感还是促使她同意了这一要求。在此后的抽查过程中，我还是会发现她玩游戏、看小说的情况，在反反复复的督促改正中，她学习的自觉性也逐步加强。

◎ 高中开门红，全年级第5名

女儿初三的时候，在班级的成绩大概处于中等偏上的水平。中考前，学校对这个班上将近一半的学生承诺，直升高中以后仍然可以留在第一实验班。余下的学生则根据中考成绩分散去了其他班级或学校。

进入本校高中以后，我对女儿说："你看啊，你们初中的班上，有一半的同学被淘汰掉了，又根据中考成绩，进来了一半更牛的同学。你原来成绩就不突出，在这个班上，可别垫底呀！"说完后，我看到女儿紧张的神情中夹杂着一丝不服气。

也确实是因为担心她掉队，平时聊天的时候，我会问："你感觉学习有困难吗？要加油呀！可别真的垫底呀！""你要是不努力，真的会掉队哦！"偶尔她会回一句："喊，我也没觉得这些人有多厉害呀！""我觉得还好吧！"我说："嗯，那我就拭目以待喽！"

接下来，在高中的第一次期中考试中，女儿居然破天荒地取得了年级第5名的成绩！

这一结果大大地出乎了我和老师的意料。有人觉得奇怪，女生上高中以后理科成绩应该是下降的，她怎么就一下子冒尖了？其实我当时也有同样的不解。我也意识到是我的话激励了她，她是用功了，但同时我也认为，她能考好更主要的原因是运气好！

现在回想起来当时应该是，危机意识促使她放弃了偷偷玩耍的习惯，她真的是全力以赴地专心学习了。我无意间点燃了她内心好胜的火焰！

◎ **关键时刻掉链子**

高中开门红之后，我认为即将迎接高考的女儿肯定会很自觉地努力学习，不会再玩了。于是，对她的监督又少了很多，接着她的成绩就开始下滑。最初，我认为成绩有起伏是正常情况。

女儿学习的时候，按要求还是把手机放在客厅里。高一下学期的期末考试前，她说复习需要用平板电脑查资料，我没多想就同意了。她每天放学以后都坐在书桌前很认真地用平板电脑学习。可是，那次期末考试的成绩却很糟糕。作文写跑题，语文成绩排到了全年级300名以外，综合成绩下降到年级第39名！

刚查到成绩时，我认为她作文写跑题是运气不好，基础题丢分多是因为考的恰巧都是她不会的。然而，期末考试结束以后，她提出还要用平板电脑查资料，我就感觉不对了。我从她的手中拿过平板电脑，仔细检查后发现，她在隐藏位置下载了网络小说和游戏。

考试之前我曾再三对她强调，高中每一个学年的期末考试成绩都将成为高校自主招生选拔的参考成绩，再三强调了期末考试的重要性。但仍然没能改变她从小养成的偷偷玩耍的习惯。刚开始她用平板电脑应该是为了查资料，学了一会儿忍不住就看了看小说，玩了玩游戏，接下来就一发不可收拾地上瘾了。如果我没有发现，她的这个状态还会一直持续下去。

女儿小学时养成了上课专心听讲、回家先写作业的好习惯。她不管怎么贪玩，学校基本的课业都是不会落下的，否则，她的成绩会滑落得更厉害。因为要背诵的内容老师不检查，她能省则省了，所以涉及背诵的内容就会丢分多。沉溺于网络小说，思路很容易被带偏，作文难免跑题。

直到此时，我才猛然醒悟，其实她学习成绩的每一次突破或者每一次滑落都是有具体原因的。

每当她取得好成绩，思想上便容易放松，不知不觉中就恢复到以前边学边玩的状态。成绩出现连续下滑或者被我发现严厉批评以后，她自己会警醒，也会努力自律和改进，于是，她的成绩又开始稳步回升。在发现问题、教育、反省、改正，又发现问题、又教育、又反省、又改正的反复循环中，女儿的自制力也逐步提高。

◎ 高三时女儿对自制力的认知

针对女儿不稳定的学习状态，我经常在聊天时跟她谈自制力的问题。因为平时我说得比较多，所以在高三第一学期期中考试时，对于作文题是"自制力与个人发展"的语文科目，她得心应手地考出了历史最高水平——全年级第七名。所有学科的综合成绩，排名全年级第二。

读完作文后，我很欣慰地知道，自己平时的苦口婆心还是有些成效的。下面是她写的这篇作文。

自制力与个人发展

在一个人的发展过程中，起推动作用的有两者：一个是外力，一个是内力。而内力就是所谓自制力。

自制力，顾名思义即自己约束自己的能力。在我们的日常生活中总是会有一些诱惑吸引我们朝歧途走去，这时候就需要自制力使我们能将自己的目光着眼于自己选择的这条路，并努力为之奋斗，不走偏路，不被拖慢脚步。

成功的人一定会有自制力。乔布斯曾说他每天早上都要问自己"如果今天是此生最后一天，那你将做些什么？当我一连几天都得到没事做的结论时，我就知道我必须要有所改变了"。乔布斯通过这种方式控制自己，防止自己落入懒惰、沉迷过去的旋涡，用这种方式控制自己每天的行为举止，进而保证自己每天都能有所进步，这是乔布斯的自我约束。

不仅事业上的成功需要自制力，道德上我们也需要自制力。当你看到地面上掉落的钱财，你是否能克制自己不要将其据为己有？这是形成路不拾遗的社会风气的必要自制力。王开岭《鹿的穷途》中叙述了群众在大街上高喊着"鹿肉、鹿血卖了都值钱"，对一头鹿展开生死时速的追杀场面。当一个人独处时，人常常都能克制自己的贪念，因为我们的羞耻心还会提醒我们这样做是不对的；但当群体暴力行为出现时，很多人的贪念便因群体力量而膨胀，将自己不多的自制力击溃，才有了这样一幅人宛如食腥的野兽一般的场面。由此可见，一个人如果在社会群体中能有一份道义之心，如果希望后代能成为社会责任、道德的拥有者，在个人的发展中自制力的培养是必不可少的。

然而，自制力应当如何培养？

我认为每日反思是提高自己的自制力的最好方法之一。如乔布斯每天提醒自己死亡即将来临、反思自己每一天是否有明确的目标和成果。中国的古代文化中也有"吾日三省吾身"之说。通过反思，一个人能清晰地认识到自己的自制力是否到位，认识到自己是否做到了约束自己、全力以赴地行走在自己的道路上而不为其他事物所引诱。也就是说反思可以使人通过回看自己过去的行走路线而意识到自己的缺陷进而改正，而自我改正就是自制力的表现之一。

个人的发展离不开自制力，失去自制力的人就会如同苍蝇一般在世界的牢笼里四处乱撞。现在社会上少年犯罪、吸毒的事件已不再鲜见，这就是自制力不足造成的。大家都知道吸毒犯罪害人又害己，但青少年还没完全形成的自制力或是教育过程中对自制力的培养缺位却使这群迷途的羔羊被居心不良的人领上另一条犯罪之路。

伏契克临终告诫：人们，我爱你们，可你们要小心啊。

虽然女儿对于自制力有了比较深刻的认知，但并不表示她从此就能够很好地把握学习和手机的关系了。

高考填报志愿期间，我们也曾为上北大还是上清华短暂地纠结过。最后，女儿说："清华管得严一些，我还是上清华吧！"她做出的这个决定，令我感到很欣慰。

我们陪伴孩子的时候不能只看到孩子的缺点，更要看到孩子想改正这些缺点的愿望，以及他们需要时间和外部的助力去逐步改变的客观现实。

上大学以后，女儿依然还有些懒散，有些"佛系"，不过，我能够清晰地感觉到她在自律方面的进步。步入成年的她，开始拥有了自己的独立思想和人生目标，小鸟儿开始离巢飞翔了！

4.2.3　孩子的成长需要家长的守护

和朋友聊天时，有不少人说到自己读书时也有躲在被子里用手电筒偷偷看武侠小说、言情小说的经历。我初中时成绩不突出，也是因为偷偷看了包括四大名著在内的很多小说。曾经听到邻居阿姨对我母亲夸我："你家姑娘学习真用功，都半夜12点多了，房间的灯还是亮的。"其实，那段时间我正沉迷在《红楼梦》的阅读之中。甚至中考前一个星期我还在看《三国演义》。现在的语文教学对于课外阅读都有明确的要求，但我们那时是没有的。无论是什么样的兴趣爱好，时间安排不合

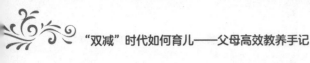

理，肯定会影响考试成绩。

心理学上有一个现象叫"破窗效应"，就是说，房子的一个窗户破了，若不及时修补，隔不久，其他窗户也会莫名其妙地被人打破。一个很干净的地方，人们都不好意思随便丢垃圾，但是一旦地上有了垃圾，大家就会毫不犹豫地往那儿丢垃圾。也就是说，任何坏事，如果开始的时候没有防微杜渐，那么，形成习惯以后就不好改了。

很多孩子学习的时候偷偷玩网络游戏，本意是觉得学习累了烦了或者太难学不下去了，想换换脑子休息一下、娱乐一下，结果一玩上就忘记要停下来了。如果家长及时发现并督促改正，他们会自觉地放下游戏，投入到学习中去。如果家长不加干预，孩子很可能长时间沉迷其中，某一天家长想要孩子改变的时候，所需要花费的时间和精力就会多很多。

对于我女儿这样从小就养成了边玩边学的习惯的孩子，一方面要加强监督；另一方面要培养时间观念，通过做计划等方法，帮助孩子把学习和玩耍区分开来。

朋友的孩子曾愁眉苦脸地对我说："阿姨，我觉得我已经很努力学习了，可是，成绩就是提升不上去，我是不是很笨？"

我反问她："你认为你已经很努力学习了，对吗？那我问问你，你学习的时候手机放在哪里？放在书桌上，对吧？手机一有提示音，就要拿起来看看的，对吧？学习感到无聊的时候，又会拿起手机看看，然后，一看就是一两个小时过去了，对吧？即使妈妈把你的手机藏起来，你也想方设法找出来玩一会儿，对吧？你的心思真的都放在学习上了吗？你真的认真思考过怎么才能够提高成绩吗？"

听着我的提问，孩子羞涩地一直点头。

像这样直接指出孩子的问题所在，也是帮助孩子克服坏习惯的一个方法。

有的家长觉得管孩子太费劲，反正学习是孩子自己的事情，就随他去吧！这可以说是为人父母的"懒政"。孩子长大后可能会抱怨父母："我小时候不懂事，你为什么就不好好管管我？"

4.3　学习动力深刻影响学习态度

无论是"佛系"的学习态度，还是"假勤奋、假努力"，归根结底，都是学习动力不足造成的。不同的学习动力决定着不同的学习态度。对此，我们可以用品尝食物做类比。而不同的学习态度导致的不同学习效果，则可以用"知之者不如好之者，好之者不如乐之者"来概括，即"知道要学习的人不如喜欢学习的人，喜欢学习的人不如以学习为乐的人"。

4.3.1　以学习为乐

——动力来自浓厚的好奇心和兴趣，或者强烈的愿望和斗志
◎ 浓厚的好奇心和兴趣

孩子面对感兴趣的食物，会津津有味地吃很多，而且，边吃边享受美食带来的愉悦感。学习知识也同理。当孩子对知识的世界充满着兴趣和好奇，他就会沉醉其中，无视困难，竭尽全力地去学习、去探索、去发现。

与口味偏好一样，学习兴趣的养成，更多来自环境的熏陶以及后天的培养。

6岁的小男孩告诉妈妈："我要到月球上去！"妈妈笑着说："好啊，但一定不要忘记回家吃晚饭哦。"33年后，成年的男孩从月球返回地球时告诉记者，他最想对妈妈说："儿子从月球上回来了，我会准时回家吃晚饭。"这个男孩就是第一个登上月球的人类——尼尔·奥尔登·阿姆斯特朗。

　　爱迪生小时候孵鸡蛋的故事几乎家喻户晓。当爱迪生对身边的事物产生强烈的好奇心和探索欲的时候，他的母亲给予了他最大的保护和最坚定的支持，从而培养出了一位造福人类的伟大发明家。

　　获得2019年诺贝尔生理及医学奖的威廉·凯林（William G. Kaelin Jr）曾经是一个懒惰的学生，老师曾认为他不会有什么成就。他比较懒惰，做事不专心，也不爱学习。他的父母都忙于工作无法给予他太多的指导。于是他们给小威廉买了一个显微镜作为玩具。小威廉在显微镜中看到肉眼不可见的微生物以后，彻底被吸引，从此走上了生物科研道路。威廉·凯林在无数次演讲中谈到显微镜对他的事业和人生的影响。他说："如果没有那个显微镜，可能不会有今天的我，我也绝不可能拿到诺贝尔奖。"

　　新西兰有一位叫Tristan Pang的华人"神童"，他12岁上大学，17岁从奥克兰大学获得双学位毕业证书。但他的妈妈从来不认为自己的儿子是"神童"，她只认为儿子是一位"热情很高的学习积极分子"。Tristan小时候的房间里，除了有很多玩具以外还有各种各样的书。幼小的他以为这些书和玩具一样都是给他玩的，他经常去翻看这些书。当他学会阅读以后，他被一部分数学和科学学科的教科书深深地吸引，于是，读书成了他最大的爱好，他不断地要求爸爸妈妈给他买更多的数学书。为此，他的爸爸妈妈花了很多时间帮他寻找学习资源。同时，他的爸爸妈妈没有忘记培养他其他方面的能力和体育爱好。在环境熏陶和父母的因势利导下，Tristan成为一个身心健康的数学研究人才。

　　通过以上名人事例可以看到，"天才就是强烈的兴趣和顽强的入迷"。找到孩子真正感兴趣的方向，或者创造条件培养孩子的兴趣，是帮助孩子学有所成的最佳途径。

◎ 强烈的愿望和斗志

人在极饿状态下吃什么都是香的。同理，当一个人充满着改变现状的愿望或斗志时，他的内心会是充盈的，他会有足够的力量去克服困难，奋勇前行。只不过，愿望或者斗志的可持续性因人而异。

一位清贫的父亲对孩子说："我们家很穷，所以你一定要努力学习，改变自己的命运！"于是，这个孩子在学习上处处严格要求自己，最终以高考大省前三甲的成绩考进了清华大学。

当然，这个孩子的奋斗精神一定来自于家长本身朴实勤恳的言传身教。如果家长整日怨天尤人、不思进取，那么孩子也难以获得奋发图强的坚韧品性。

也有人说"父亲告诉孩子自己家很穷，会不会让孩子产生自卑感？"清华的一位学生在毕业演讲时说道："那些勤奋努力，不屈服于命运的人，你就是给他一个路边摊，他也能开成全国的连锁店！"而缺少拼搏的意志，处处落后的孩子才更容易自卑！

从众多人物传记中也可以看到，古今中外的很多杰出人物都出身贫寒，比如，德国音乐家贝多芬、中国数学家陈景润、波兰科学家居里夫人等。他们能够取得成就，都是源于改变现状的强烈愿望或者对某一领域的特别兴趣。

因此，无论家贫还是家富，父母的格局、眼界和修养以及成长环境，对孩子的好奇心、兴趣、愿望的养成起着非常关键的作用。给孩子一个显微镜，或许能培养出一位生物学家或者化学家；给孩子一个电子产品打发时间，或许能培养出一个电竞玩家，或者网络游戏的沉迷者；给孩子一个爱学习的家庭氛围，能培养孩子对学习的兴趣；给孩子一个整天吃喝玩乐的环境，会培养出一个生活的享乐者；给孩子一个必须奋力拼搏的理由，或许会造就一位杰出的人才……

4.3.2 喜欢学习

——动力来自成就感和好胜心

一群孩子在一起比赛吃东西的时候，有的孩子吃得又多又快。但他们的兴趣不是在食物上，而是在比赛所唤起的好胜心和成就感上。离开了比赛的环境，不同的孩子对食物的兴趣会各不相同。同样，学习成绩好的同学因为会收获老师的赞赏、同学的仰慕、父母的肯定，所以他们沉浸在成就感所带来的满足之中，但凡成绩有所下降，就会更加努力地追赶上去，使自己一直保持优秀。不过，当他们拼尽全力也追赶不上去的时候，他们内心承受的失落感会远大于一直不够优秀的学生。

清华北大聚集了全国各地最优秀的学子，这些孩子很多都是一路光环加身迈进最高学术殿堂的。一群"尖子生"集中在一起，总要分个高低出来。于是，部分"尖子生"跌落成为"落后生"，难免再三承受心理打击。据说，每年这两所顶尖高校里都有学生陷入严重的抑郁状态。如果孩子对自己所学的学科真正地感兴趣，那么就不会过分关注排名，学习压力和心理压力反而会小一些。

另外，有的人在你追我赶的学习氛围中，因成就感而对某一学科产生了浓厚兴趣，进而沉浸于该学科的学习研究之中，最终有所成就；也有人离开获得成就感的环境以后，对这门课程的兴趣就减弱了一些。

我读书的时候，英语一直是最强项。那是因为我父亲在我小学三年级的时候要参加工程师考试，父亲原来学的是俄语，英语完全没有基础，他便拉着我和他一起跟着收音机听英语讲座。父亲的工程师考试通过以后，他不学了，却依然坚持让我跟着收音机继续学。听得多、学得多，基础扎实，学校的英语学习自然轻轻松松，成绩也一直名列前茅，同时外语学习能力也得到了锻炼提高。于是，大学我学的也是外语专业，毕业后有很长时间在外企从事翻译工作。但是，随着年龄的增长，我越来越不喜欢这种缺乏主观能动性的翻译工作。因此，即使拥有良好的双外语基础，我却缺乏足够的动力往更深更广处发展自己的职业技能。

而写这本书的时候，我的颈椎不太好，腰椎也有点不舒服，眼睛也开始老花了，我经常告诉自己该离开电脑去运动了。写书的过程中，我也遇到了一些阻力。有人知道我在写书，给我泼冷水："你写的这些东西会有人看吗？""你的书能卖得出去吗？"等等。可是，我还是坚持了下来。因为这是我特别想做的一件事情，我特别想把自己的经验和感悟分享出去，哪怕只对一小部分家长有帮助也好，所以，无论如何我都会坚持完成它。这就是发自内心的强烈愿望和来自成就感的动力的不同之处吧。

4.3.3　知道要学习

——想学习却缺乏足够的动力

当孩子面对不感兴趣的食物时，即使肚子有点饿，也不一定能吃多少。家长追着喂、逼着吃，也未必能吃得下去。家长逼得太紧，反而可能导致逆反，甚至厌食。如果按照孩子的口味偏好，添加一些可口的调味品或美食，再加上一些鼓励和诱导，孩子就会吃得比较好，甚至可能喜欢上本来不感兴趣的食物。

我对女儿在学习兴趣和进取精神方面的早期培养是不成功的。虽然从小给女儿讲故事，引发了她对故事书的强烈兴趣，由此促使她积极主动地看拼音读故事，自己认字，迈出了自主学习的第一步。但是，婴儿期的安全感体验不足，加上在幼儿园时期的不突出表现，令她上小学以后很适应自己在集体中不突出的定位。同时，每天放学后，她看到的都是我一边催促她写作业，一边忙家务的身影。因此，她对于学习的认知是茫然的，她的兴趣更多地放在了看有情节的故事书，以及自己安静玩耍的习惯上。学习于她而言，就是为了家长、为了老师、为了升学和

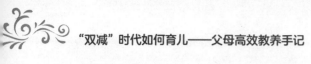

前途不得已而为之的事情，就像是到了吃饭的时间，不得不吃点东西一样，主要是为了完成任务。所幸我歪打正着，慢慢地摸索到了一点**提升学习兴趣的门道**。

◎ **具体化、精细化的目标更容易促进孩子的成长进步**

最初改变女儿的就是"挣积分游戏"，通过设立一个个稍微努努力就可以达到的简单目标帮助女儿实现了一系列的改变。伴随着每一个小目标的实现，她体验到了成就感和满足感，于是，她的学习兴趣随之一点点提高，自我目标也逐渐提高。

越幼小的孩子对于大目标越没有执行力，因为他们根本就不理解那些大目标的真正内涵，也不知道为了实现目标具体该怎么做。就算知道要努力才能实现目标，也缺乏足够的动力去突破现状。比如，我女儿从小就立志要考全世界最好的大学，但是，当"玩"和"学"冲突时，她仍然会选择"玩"，这一"远大志向"对学习的驱动力还远不如一顿肯德基来得有效。

如果告诉小学低年级的孩子"不准贪玩！给我好好学习啊！""别磨蹭啊！"孩子未必能理解什么是"贪玩"，怎么样才是"好好学习"，什么叫做"不磨蹭"。或许对孩子来说，边玩边学就是"好好学习"了，拖拖拉拉就是"不磨蹭"了。因此，家长给孩子提要求的时候要尽可能地具体，比如，今天要在多长时间以内做完哪些题目；看完几页书，等等。家长提的要求如果能够和孩子喜欢的事物挂钩就更好了。

而对于高年级的学生，家长则可以根据孩子学习的状况，在学习态度、学习习惯、学习方法上给予一定的指导和监督。

当然，细小的目标固然重要，高远的目标也不可或缺。就如同跑马拉松一样，终点在远方，给人以奋力前行的力量，而脚下迈出的每一步却是决定胜负的关键。我们家长就是要帮助孩子走好每一小步，同时偶尔抬头看看远处的终点目标。

看到过一些文章，说现在少数大学生患有一种"空心病"。这些学生把考上名牌大学作为自己的终极目标，结果，考上大学以后就不知道自己的人生方向是什么了。这就是缺少高远的人生目标所致。

◎ 对于自信心不足的孩子来说，"真诚的赏识"尤其珍贵

孩子对自我的评价和认知往往来自周围的环境。学业成绩不优秀的孩子，自我否定比较多，遇到困难会习惯性地放弃努力。

我对女儿提要求的时候，她经常回答："你想多了！""怎么可能？我哪有那么厉害？""那些人都多牛呀！我怎么能跟他们比！"……

如果我回答："试都没试，你怎么就知道你不行？！""我觉得只要你足够努力，肯定没有问题！""不管行不行，都可以尽力去冲一冲呀！万一就行了呢？""你的智商又不比别人低，凭什么就觉得自己不行！"……给她自信和激励，那么她就会克服自卑和懦弱，努力进取，最终取得意想不到的成绩。如果我也和她一样不自信，那么，她就会在本该努力的时候空耗了时光，因而错过一些机缘。

"上帝关上一道门的同时，必然也会打开一扇窗"，每一个孩子都一定会有他的闪光点，找到这些闪光点，用赞赏去点亮它，他就能绽放出耀眼的光芒。

◎ 收获的喜悦能够激发孩子改变自我的强烈愿望

无论是小目标还是赏识激励，都是为了激发孩子的内在动力。当孩子经过努力，体会到收获的喜悦，认识到"我居然也可以"以后，他就会愿意继续努力下去。

比如，我女儿做了一段时间课外练习，成绩有了提高，她就开始自己主动做题。每一次成绩提升以后，即使坏习惯比较难改变，但是为了保持优秀，她会努力地去改变那些坏习惯。

有人说"学习是很辛苦的事情"。如果孩子对学习有兴趣，再辛苦，他都会乐在其中。真正觉得辛苦的，是那些内心并不想学，但又被

逼着不得不学习的学生。对于这样的学生，与其高压逼迫，不如想办法让他们体验到一些成功的喜悦，比如，对他们的点滴进步及时给予表扬，以调动他们的学习积极性，从而使他们喜欢上学习。如果他们能够在学习中找到自己真正感兴趣的方向，那么学习就会是一件累并快乐着的事情了。

不过，严重厌学的孩子很可能是心理上生病了。这就需要具体分析孩子生病的原因，对症下药，然后再来谈学习的问题，抑或考虑向孩子感兴趣的其他方面发展。

第 5 章
学习习惯和学习方法是学习态度的具体表现

　　每一个人的时间都是相同的，那么，怎么高效地利用有限的时间，便成了人与人之间产生差距的关键所在。

　　因此，高效的学习习惯和学习方法对学生的学习成绩影响重大。一般来说，有了端正的学习态度，高效的习惯和方法也比较容易养成。

5.1　学龄前建议培养的习惯

5.1.1　培养认真学习的习惯

孩子上幼儿园期间正是各类文艺特长启蒙的敏感期，有的家长认为孩子将来又不走文艺特长的专业道路，对于孩子的文艺特长学习不甚在意。然而，触类旁通，初始阶段养成的学习习惯很可能延续到其他课程的学习上。

由于小区配套的关系，女儿幼时上的是音乐艺术幼儿园。幼儿园的教学内容很丰富，有钢琴、游泳、轮滑、舞蹈、唱歌、绘画等。此外我还安排她学过书法、围棋、马术等课程。可惜因为身体不好，她几乎都没能很好地坚持下去。只有钢琴坚持学到了小学四年级，终因小升初的压力而不得不放弃。

虽然我女儿的钢琴学习坚持得不好，学习效果也拿不上台面，但是，幼时有计划、有目标的钢琴学习还是培养了她专注的习惯、坚持不懈的习惯、模仿和思考的习惯等求学必备的素质。

清华大学每年的特等奖学金评选活动被学生们戏称为"看神仙打架"。参选的学生不仅学习成绩出类拔萃，而且在社团活动、科学研究、文体活动等方面都有优异的表现。其中有些学生还是接近专业水准的清华大学艺术团队或体育团队中的一员。这些全面发展的学生一般都具有擅长时间管理、勤奋自律、善于学习等共同特点。

当然，长期坚持的前提需要以兴趣或天赋为基础，这需要家长去发掘。有一位清华学生家长介绍自家孩子成长经历时说到，孩子小时候坐不住，学什么都坚持不下去。他偶然发现孩子对篮球非常感兴趣，于是就请人教孩子打篮球，孩子学得很投入、很认真。

篮球运动要求眼快、手快、脚快、决策快，拿到球以后需要马上决定是自己投篮，还是传给别人。在这个过程中，孩子的专注力、应变能力以及意志力都能得到很好的锻炼。

同样，练习钢琴时，大脑和手指要保持高度的协调性，同时左、右手也必须协调，这个学习过程不断地锻炼着大脑的反应能力和控制手指的能力，能有效促进大脑的发育。

因此，运动项目或艺术项目的适度学习，与文化学习有着相辅相成的作用。

5.1.2　养成正确的握笔姿势和坐姿

在孩子刚开始用笔涂鸦的时候，家长应该时常提醒孩子"一拳一尺一寸"的握笔姿势和坐姿。即坐在书桌前写字时，胸口距离桌子一拳；眼睛距离书本一尺；握笔手指距离笔尖一寸。

我女儿刚开始用笔的时候，我认为她还没有开始学写字，便让她自己拿笔随便画，结果，她形成了错误的握笔姿势并养成了趴着写字的习惯，等我想改变的时候，为时已晚。这一坏习惯的养成，不利于孩子的视力发育。

而在我上小学的前一年，我父亲说我该收心学习了，他替我婉拒了小玩伴们的邀约，握着我的手一笔一画地教我写字，并纠正我的坐姿。上小学以后，我认真听讲的学习态度、标准的坐姿、干净整洁的书写经常得到老师的表扬，这使我赢在了小学的起跑线上。

5.1.3　培养运动的习惯

运动的必要性和好处不必多说。婴幼儿在不同的成长阶段，需要学习并锻炼不同的运动技能，运动技能锻炼严重不足有可能影响儿童身体的协调能力以及大脑的健康发育。

《学龄前儿童（3~6岁）运动指南》提出，学龄前儿童的运动应以愉快的游戏为主要形式。同时还强调了运动强度的多样性，具体推荐为："全天内各种类型的身体活动时间应累计达到180分钟以上。其中，中等及以上强度的身体活动累计不少于60分钟"，建议"每天应进行至少120分钟的户外活动"。

孩子参加跑、跳、投掷、打球、游泳等运动，既有利于锻炼运动能力，增强孩子的体质，促进心理健康发展，也能够培养孩子的专注力和吃苦耐劳的精神，为适应学校的学习生活打下良好的基础。

5.2 培养不懂就问的习惯

5.2.1 "学问"始于"提问"

近代著名教育家陶行知先生说过："创造始于问题，有了问题才会思考，有了思考，才有解决问题的方法，才有找到独立思路的可能"。可以说，敢提问、会提问是做好学问的第一步。

不止一位清华学生家长在介绍经验时说，非常注重激发孩子的好奇心，引导孩子多提问、多思考。比如，有物理专业毕业的家长介绍，在日常生活中注重向孩子揭示自然现象背后的科学原理；带领孩子做小实验；引导孩子思考并提出问题，指导孩子查资料寻找问题的答案……培养孩子勤于思考，善于探索的科学素质。

3~8岁是孩子好奇心最重的时期，也是最喜欢问问题的时期。孩子天马行空的提问，可能会让家长啼笑皆非；一些幼稚的问题，也让家长不知如何回答。但保护好孩子的提问热情，激发孩子对知识的好奇和渴望，就可以造就一个爱学习勤思考的孩子。

面对孩子的提问，如果家长回答"怎么这么简单的问题都不会？""你怎么问出这么幼稚的问题？""答案那么明显，居然还不知道？"等等，就会打击孩子的自尊心和提问的积极性。慢慢地，孩子开始埋头学习，有困难也不问老师和家长。随着学习内容越来越复杂，孩子不懂的问题越攒越多，学习效率就会越来越低，孩子的学习热情也会随之减少，学习成绩不可避免地受到影响。现实中，"不懂也不问"确实是很多孩子学习上的"拦路虎"。

5.2.2　鼓励女儿敢于提问

从女儿上小学开始，我就一直对她说："没有人是一出生就什么都会的，作为学生，就应该有不懂不会的地方，所以不懂不会并不丢人，不懂不会又不问才丢人！""学问学问，一是要学、二是要问，光学不问成不了学问！"

但是，以她那时候胆小怯懦的个性，她完全没有主动去找老师问问题的勇气。我发现挣积分游戏有效以后，某一天遇到了一个问题，我没有给她答案，而是要求她一定要自己去问老师，并承诺她，如果问了老师，就给她一个大额的积分奖励；如果不问，就扣掉她一大笔积分。

第一天放学回家，我问："宝贝，问老师问题了吗？"

女儿一脸茫然说："啊！我忘啦！"

我说："那明天一定要记得问哦，不然可要扣积分了哟！"

女儿点头答道："嗯嗯，我明天一定问。"

第二天放学回家，我问："今天去问老师了吗？"

女儿说："哎呀！我今天真的想要问来着，可是后来又忘记了，我明天一定问。"

我说："好！明天给你最后一次机会，否则真的要扣积分了哦！"

终于在第三天，女儿第一次鼓足勇气主动找老师问了问题。然后她发现，主动问老师问题，老师的态度很和善，感觉跟老师更亲近了。于是，不需要我的督促，遇到问题她都会主动去找老师交流。

养成这个习惯以后，但凡学习上遇到不懂的问题，她都会主动去问老师、问同学。这也是她的学习成绩能够持续提高的原因之一。

5.3 培养时间观念

培养时间观念的最佳时期，应该是孩子刚形成时间概念的时候。曾经看到有人介绍说，孩子学会看钟表认识时间以后，日常生活中经常对孩子说，几点到几点玩游戏，几点到几点讲故事，做饭需要花多长时间，等等。这样时间观念很容易根植在孩子的脑海中。孩子以后习惯成自然地就有了计划性。不过，我女儿的时间观念是从小学二年级开始培养的。

5.3.1 放学后先完成作业

我从事自由职业没多久的一个晚上，参加工作宴会回到家已经是晚上10点半了，女儿居然还在写作业！当即，我要求她把当天的作业全部拿出来给我看，结果发现作业量很少，最多不到半个小时就能够完成。

我脸色一沉："这么点作业到现在还没有写完？说！这一晚上，你都干什么了？"

她回答："就是一开始坐着发会儿呆，结果一个多小时就过去了，接着又玩了一会儿小纸片什么的，拖到很晚才想起来要写作业。"

于是，我对她进行了人生中第一次颇有气势的训斥和体罚。体罚的同时，我要求她反省今天错在哪儿了，今后该怎么做。

陈述完反省以后，她又委屈巴巴地小声嘀咕："我要是早早做完作业，你又要给我布置作业了！"

听到她的这番话，我马上和她约定，每天放学回家后必须先完成学校的作业，同时我给她布置的课外习题量也是固定的，全部完成以后她可以自由支配自己的时间。

从那次以后，女儿无论怎么懒散贪玩，无论我在不在家，她都知道放学后要第一时间完成学校的作业。然后再继续假装学习偷偷玩耍。每当她把偷偷玩耍的时间用来认真学习时，成绩就能实现飞跃。

不过，女儿小学期间经常放学一回家就要吃东西，我也允许她在规定的时间内先吃东西，再开始写作业。

◎ **为什么要求孩子放学后必须先完成作业**

① 帮助孩子树立学习是主要任务的认知

孩子有了这个认知以后，平时的学习会潜意识地抵制一些诱惑。

当孩子贪玩被抓现行时，能够切实地认识到自己的错误，并努力改正。孩子到了青春期也不至于玩物丧志。虽然现在小学一二年级学校不布置课后的书面作业了，但学习任务还是有的，仍然可以建立这种认知。

② 培养孩子的主次意识

有主次意识的孩子在学习过程中，会自觉地对知识进行梳理，整理出知识的核心要点和主要脉络，学习效果会事半功倍。而在生活和工作中，有了主次意识才能做到有条不紊，面临人生的各种大小选择才能避免"捡了芝麻丢西瓜"。

有朋友在孩子考试前曾向我求助："老师发了三张历史复习资料，可是孩子背不下来，怎么办？"我告诉她："不要整张卷子去死记硬背！先按时间顺序把主要的大事件列出来，然后按事件的脉络去记忆。一边记忆还可以一边思考，这部分内容如果要出考题会怎么出，哪些是重点，这样背诵的过程有主次、有思考，背诵就会轻松很多！"

③ 提高学习效率和做题的速度

有了必须先写完作业的硬性要求以后，贪玩的孩子为了争取更多的玩耍时间，会集中精力快速完成作业。学习的专注度、写字的速度和做题的速度不知不觉间就会提升上去。

进入初高中以后，随着学习深度和广度的增加，考试的节奏会越来越紧凑，如果写字慢，很可能会出现在规定时间内做不完考题的情况，这自然会影响考试成绩。进入高中后的很多场考试，女儿都是踩着考试结束的铃声完成的答题。那些完不成答题的同学，成绩就会落后一些。

◎ **女儿曾就放学后先写作业一事写过一篇日记**

2009年4月10日　星期五　晴

今天下午学校要开家长会，所以我们只上了半天课，中午12:30放学。我一回到家，妈妈的那张嘴就开始喋喋不休了，她可真烦人！我本来想玩会儿的，可是她却让我写作业。可是她毕竟是我妈呀，没办法，我只得硬着头皮去写作业。不过她去开家长会前说，要是我把作业写完了，并且把大约300字日记的草稿打完了，就可以看半个小时的电视。为了看半个小时的电视，我就抓紧时间写作业，这样我就只用了一个多小时就把作业写完了。该开始打日记的草稿了，我也就用了半个小时的时间。

哦，太棒啰！我终于可以看到半个小时的电视啰！我迫不及待地打开电视，调到动画频道，津津有味地看起了卡酷动画。没有作业的负担，看起电视来可真轻松呀！

妈妈以前总是说，什么事都要有主次之分，学习是主要的，看电视是次要的，现在我终于体会到了。

5.3.2　培养做计划的习惯

从二年级暑假开始，我便用挣积分游戏激励女儿做假期的学习计划。因为我承诺，她计划玩耍的时间里我决不干涉她的自由，所以她很愉快地接受了我的建议。

计划表的内容包括，计划完成的内容、计划完成的时间、实际完成的时间。

刚开始的时候，我会对她所做计划的合理性进行评价，并在计划实施的过程中，根据执行情况，要求她自己修改出更合理的计划。只要她最终能够有效地执行计划，我都会按约定给她积分奖励。两三个假期以后，她便养成了做计划的习惯。

体会到做计划的好处以后，每当放长假或者作业量多的时候，女儿就会自觉地列出一个计划表，然后逐项完成。因此，她从来没有出现过开学前熬夜赶作业的情况。她在高考备考期间也没有出现过因为学业任务繁重而焦虑不安的状况，这是她懂得分清主次，按照自己制订的计划有条不紊地复习的缘故。

进入初中以后，每年寒暑假一开始，她都会自觉地给我提交一份假期作业完成计划。我们在这个计划的基础上，商量写完假期作业以后的时间安排。

养成做计划的习惯以后，孩子不再是为了完成老师布置的任务而学习，而是为了完成自己制订的计划而学习，学习的心态不同，学习效率自然也会大不相同。

5.3.3　不要盲目的"题海战"

我一直反对女儿搞盲目的"题海战"。我常对她说：

"1+1=2练习一万遍，你掌握的知识还是1+1=2，所以，当你学会了1+1=2以后，你一定要去学1+2=3、1+3=4，否则你的学习就不会有进步。""你已经掌握了的知识、已经会做的题目，你再反复去学、反复去做，就是浪费时间！""能拿满分的试卷没有必要做！""在学习时间同等的情况下，大家比的是学习效率！"

通过大量刷题，搞"题海战"的学生，平时的考试成绩也有可能非常好，但是，遇到高考这样的大考，很可能会折戟沙场。

因为平时考试，老师往往会从各省市的考题中抽选出一些题凑成一张考卷，或者直接挪用整套试题。那些大量刷题、背题型解法的学生，面对这样的试卷时，会感觉非常得心应手。

但是，现在高考越来越强调"要重视对学生思维能力的考查"，因此，高考不会照搬已有的题型，而是尽可能地创新。即使用到以前的题型，也很可能在原题型上"挖个坑"，比如把条件稍微改一改，使得正确答案与原题的答案截然不同。那些做过类似题目的学生一看，"这个题好像做过"，于是在惯性思维的引导下很容易掉进"坑"里。还有的题目可能在传统题型的基础上"转个弯"，依靠背题型解法拿高分的学生就很可能会被这个"弯"给绕住。不过，无论是"坑"还是"弯"或者是"创新"，对于平时就能够"举一反三"，理解知识奥义的学生来说，都是手到擒来的事情。

另外，进入大学以后，很多课程的内容都需要自学，学生再想通过大量刷题去提高成绩就很困难了。同时，科研和创新，也绝对不是靠刷题就可以取得成果的。

有一次，跟一个朋友的孩子聊怎么学习的问题。这个孩子告诉我，最近一次考试没有考好，于是她找老师要了一份新的试卷，把卷子从头到尾又做了一遍。

我告诉她："第一，你把卷子从头到尾重新做一遍，是在浪费时间，因为做对了的题，根本就没有必要再去做第二遍。第二，你做卷子花了这么多的时间，肯定就没有时间去琢磨那些错题了，所以，我敢肯定，这张卷子上有的题你还是不会做。第三，你认为自己重新做一遍就是认真学习了，这是不对的。学习要考虑的是怎么用最短的时间获得最好的学习效果。对于这张卷子来说，什么是学习效果？那就是你原本不会做的题现在真正会做了！而最最让你为难的事情就是，有些难题你不会做，又懒得去问同学、问老师。可是，如果你不问，这些题你就永远不会做，下次考试还得丢分，你的成绩还是在原地踏步！"

当然，反对"题海战"并不是说学生不需要做题。一般来说，学校布置的作业，都足以覆盖学生应该掌握的知识范围。挑选作业中的错误项、薄弱项，进行有针对性的刷题，才是提高学习效率的有效方法。"双减"政策提出"提高作业设计质量。发挥作业诊断、巩固、学情分析等功能……"将更有助于学生课后查漏补缺，从而提高教学质量。

女儿所在的中学，老师在给学生布置作业的时候，常常会针对学生的学习程度提出不同的要求。比如，根据期末考试的成绩，布置难度不同的假期作业。这样使得该巩固基础的学生利用假期巩固基础，该攻克难题的学生利用假期多做一点难题。这种因材施教的教学方法，令学生受益匪浅。

最后补充一点，教育孩子不要盲目的"题海战"，不仅仅是为了应试，更是为了帮助孩子养成注重效率的习惯。当听到有员工说："没有功劳也有苦劳"的时候，华为总裁任正非就曾经回答："屁话！什么叫苦劳？苦劳就是无效劳动，无效劳动就是浪费……"。而生活中懂得扬长避短，有效规划自己人生的人，一定会比浑浑噩噩的人走得更顺畅。因此，养成注重效率的习惯，于工作、于生活都是大有裨益的。

5.4　培养上课认真听讲的习惯

5.4.1　榜样引领习惯养成

宝剑有锋芒才能所向披靡，学习要专注才能学有所成。

女儿刚上小学时，学习态度很是漫不经心，可以想象她听课时的状态也一定是散漫的。于是，闲聊时我就多次跟她聊到了如下内容。

"很多人说你爸爸聪明，其实，他并不是聪明，而是比别人更专注。你看他看书的时候，特别投入特别专注，有时你跟他说话他都听不见。"

"上课认真听40分钟，比下课学两个小时的效果都好。"

"你专心地学半个小时，别人边玩边学一个小时，结果你学得比别人还好，可不大家就都会夸你聪明了么。"

孩子自然是希望别人夸赞自己聪明的。反复告诉女儿有这么个能让大家都夸她聪明的捷径和榜样以后，她自然就会自觉地往这个方向努力了。

因为刚上小学就培养了上课认真听讲的习惯，所以，即使女儿有时比较贪玩，但是她在课堂上的学习效率还是比较高的，哪怕她课后沉迷网络游戏和小说，成绩也还能保持在中间水平。

5.4.2 学习氛围助力轻松育儿

美国心理学家詹姆士说过："人类本质中最殷切的需求是渴望被肯定。"我认为这一观点对于幼小的孩子尤为适用。

我小时候看到邻居家的小姐姐因考上了本地的大学而得到大人们的交口夸赞，于是从那一刻开始立志一定要考上大学。如今，出落成才的邻家小妹妹们也说我曾是她们幼时的偶像，让我体会到了成长环境对孩子的巨大影响力。

女儿上小学期间，某一天聊天时她告诉我，老师在课堂上夸赞了某位同学每晚睡觉前都会把第二天上学要用的书包和衣服收拾得整整齐齐。接下来的几天，我发现她睡前也自觉地把第二天要用的东西收拾好。

虽然孩子都渴望被肯定，但是他们并不知道具体该怎么样做，这时如果有一个具体的目标、一个榜样，那么他们就会努力让自己成为那个被人肯定的样子。梁启超先生"一门三院士，九子皆才俊"，如此成功的家庭教育一定少不了榜样的"传帮带"作用。育儿负担让一些年轻的家长对"三胎政策"心存顾忌。其实，只要培养好榜样，肃正家风，育儿也可以很轻松。

5.5　带着问题去听课

5.5.1　预习的关键是发现问题点和难点

"课前预习，课后复习"是众所周知的学习方法，可惜我没有让女儿在刚上学的时候养成这种习惯。从小学三年级开始，我曾经数次尝试着这么要求她，但是懒散的她根本就坚持不下去。强硬要求只会让她产生抵触情绪，于是，我干脆让她利用寒暑假的时间来预习。

小学的校内课程比较简单，因此她预习的对象主要是奥数。进入初中以后，预习的对象则是有一定难度的学科。提前预习，一方面可以锻炼学习能力；另一方面可以提高课堂听课的效率。

初高中的每个寒暑假一开始，我们会先去一趟图书城，由女儿自己挑选下一学期主要学科的教材详解辅导书，挑选时我会给她一些建议。刚开始的几年，我们会在她完成学校的假期作业以后，商定挣积分游戏的激励规则，规则里规定学习的内容、时间和效果。因为我是用例题来考查她，所以她至少要把所有的例题都学明白。只要她专注地去学，就一定能在学习的过程中发现问题点和难点。

如果女儿在预习的过程中感觉某学科的内容自学很困难，我们就会商量着去报一个教学内容相对较难的对应的辅导班。因此，在女儿求学的过程中，我们选报课外班的原则是要有一定的难度，或者是超出教学大纲但又必须学的内容，比如竞赛、自主招生的考试内容。因为有难度的内容才能更好地锻炼学科思维能力并帮助孩子在各类考试中胜出。

无论是自学还是上难度较高的课外班，孩子都不可能一下子掌握全部的知识。只要她能够发现问题点、难点，预习就是成功的。

女儿上高中以后，每次遇到需要她请假的情况，我都会先征询她的意见。她有可能说："明天第二节课的内容正好有不太懂的地方，这节课一定不能请假。"也有可能说："明天下午的讲课内容都很简单，整个下午都可以请假。"这说明，她确实是带着问题听课的。

5.5.2　带着问题听课才能提高课堂效率

曾看到报道说，有公司开发出了"课堂呵护系统"，这个系统根据学生上课时的状态、表情等判断学生是否在认真听课，每秒对整个班级拍摄一张照片，用不同颜色表示学生的状态。对于这样一个高科技产品的运用效果，我并不持乐观的态度。因为人的精力终归是有限的，要求孩子全天都全神贯注地学习不现实。一节课40分钟，孩子的思维难免会有停滞的时候，所以，帮助孩子学会分清轻重缓急，带着问题去听讲就变得非常重要。一节课里，孩子只需要把精力和思维重点放在不太明白的问题上，其他时间适当放松，这样一天下来既能掌握关键的知识点，又不至于疲惫不堪。可以说，科学分配好精力，是提高课堂效率的关键。

5.5.3　为什么有的老师会反对孩子提前学

老师反对孩子提前学的原因，是有些提前学的孩子上课时认为自己全都懂了，不认真听讲，最后的学习效果一知半解，这个情况在我女儿身上也发生过。

女儿在大学一年级开始学习"大学物理"课程的时候，曾很轻松地对我说："妈妈，大学物理太简单了！好多概念在高中的竞赛课上都学过。"可是，接下来的期中考试，这个科目的成绩很不理想，很多简单的题都做错了。事后我分析，高中物理竞赛的课程内容本来就比较粗浅，女儿在竞赛方面投入的精力又不多，学习效果浮于表面。进入大学开始深入学习的时候，女儿掉以轻心没有认真对待，上课听讲不专心，课下不复习，对于知识的掌握处于一知半解的状态。而那些从来没有接触过类似知识的学生因为感觉有难度，会下功夫去预习、复习，考试成绩反而更优秀。因此，我叮嘱女儿要收起怠慢之心，赶快把学过的部分重新梳理一遍。

女儿上初高中时的预习，要么是她自学要么是选择难度高出教材内容的课外竞赛课程学习，无论哪一种形式，她都必须认真投入地思考，然后发现难点、问题点。如果预习的内容比较粗浅，那么她就发现不了问题，就无法带着问题听课。

"双减"政策之前，有家长给孩子报很多课外班，重复学习学校的教学内容，本意是想让孩子通过反复学习提高知识的熟练度。但是，正如老师说的那样，学校里一个学期的内容，课外班一两个星期就讲完了。这种粗浅的学习，缺乏对思维能力的挑战，也容易让孩子产生自己什么都会了的错觉，反而影响在学校的学习效果。从这一点来看，也确实有必要"坚决压减学科类校外培训"。

当然，学校的教学内容对于以冲击学科竞赛大奖为目标而提前学的学生来说，确实是过于简单了，没有必要重复学。对此，我们的老师也持有非常包容的态度。女儿高中的班主任是数学老师。他们班上有一部分学生具备冲击数学竞赛奖牌的实力，数学能力很强。女儿曾得意地对我说："我们班数学课只有少数人在认真听讲，老师让刷竞赛题的同学都坐到后面几排去了。"而这个班有超过40%的学生考进了清华北大！

5.6 查漏补缺是关键

5.6.1 错题本只是查漏补缺的形式

所有学科知识都有教学大纲，是有范围的。对这个范围内知识点掌握的全面性决定着考试成绩的差距。因此，查漏补缺成了众所周知的学习方法，很多老师都会要求学生准备错题本。

女儿曾经也按照老师的要求准备了错题本，有错题也摘抄了，但是，抄完就完了，最多考试前扫一眼，看看答案，感觉好像都会了。其实，动笔做还是会错，就是所谓的"一看就懂，一做就错。"实际上，就是一知半解，并没有完全学懂。

我经常对女儿说：

"整理错题本不是目的，对整理出的错题追根溯源，看看是粗心导致的错误，还是基本概念、公式、原理理解不到位，抑或是延伸的知识点没有掌握好？然后，有针对性地多加练习，真正做到'错过的题不再做错'才是查漏补缺的真正目的"。

"做作业和考试的目的是什么？就是为了检查知识漏洞！如果你不能从错题中发现问题，不能掌握这些题的正确解法，那么，你的作业就白做了，你的考试也白考了！"

"做完作业、考完试，你的任务才只完成了一半，另一半任务是'查漏补缺'！"

"很多知识点是相互关联的，如果前面的知识漏洞没有及时修补，那么就会影响后面的学习效果。"

尽管我一而再，再而三地谆谆诱导，但是，女儿刚上学时养成的能省则省的懒散学习态度，导致她对错题就是不重视。

上初中以后，数学可以说是女儿的强项。初二下学期，女儿几次月考的数学成绩都没有上110分，在班上处于中间水平。眼看就要期末考试了，我对她说："你最近几次月考数学成绩都不行呀，期末考试也够呛了啊！"听到这话，女儿甩给我一个不服气的眼神。过了一会儿，我听见她在自己的房间里自言自语："哼，我就不信了！"接着，就看到她把那个学期的所有数学卷子都整理了出来，目测大概有二三十厘米的厚度。她应该是把那个学期卷子上所有的错题都动笔重做了一遍，结果，她期末考试数学成绩117分（总分120分），是全年级三个最高分之一。她自己大概也没有想到，猛地一跺脚，就能跳出一个新高！尝到甜头以后，她终于开始重视对错题的反思和整理。

女儿的学习状态不稳定，成绩忽上忽下，知识体系中难免存在不少漏洞。当有足够动力促进她发奋努力的时候，她会认真地"查漏补缺"，把那些漏洞都逐一填补上。于是，她的成绩就能有所突破。

对于基础比较差的学生来说，"漏"和"缺"可能会比较多，一下子全部补全不现实。那么，可以先从基础知识入手，争取做到"做过的基础题不再做错"，基础打牢以后，再去一点点攻克稍微难一些的题目。

"双减"政策出台之前有一种现象，即学习成绩越差的学生上的课外班越多。家长似乎认为只要出钱给孩子报了课外班，自己对孩子的教育就算是尽力了。于是，成绩差的学生越学越辛苦，成绩却难有起色。这些学生仰望那些成绩优秀的学生，称他们为"学神"。殊不知，那些所谓的"学神"，只不过是有着专注认真的学习态度，他们会在平时的学习中及时修补知识漏洞，漏洞少了，学起来就轻松了。这也是有些学生从来没有上过课外班，却能一直保持优秀的原因。同时，也应验了那句话，"你只有非常努力，才能看起来毫不费力"，当然，这里的"非常努力"必须是有的放矢的。

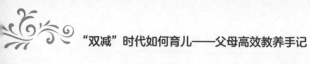

5.6.2 通过查漏补缺，女儿的英语成绩提升一个档次

赢在小升初之战的很多学生，英语已经达到了初三年级以上的水平。女儿在小升初的备战中，虽然也对初中的英语知识进行过快餐式的突击学习，但是，毕竟学习时间有限，学得很不扎实。刚上初中的时候，英语成绩很不理想。于是，初一的暑假，我对她的英语学习进行了一次系统性的梳理和强化训练。

◎ 查漏补缺强化语法知识

对于初中生来说，英语语法的基本架构知识已经学完，我只需要帮助女儿找出没有学好的那一部分，补充完善就可以了。

首先，我安排她做了几套初中英语语法的综合练习题。从这几套题的错误中分析出她对第三人称、动词、介词的运用掌握得不太好。

接着，我有针对性地选择这些方面的专项练习题让她做。我挑选习题书的原则是，书后一定附有详细的答案和解析。女儿做完以后，从书后的详细解答中，可以了解错误的原因并掌握正确的语法知识点。

我同时要求她将错题用红笔做上记号，过一段时间将有记号的错题再重新做一遍，直到全都做对为止。

经过反复训练，女儿在语法方面出现的错误减少了很多。

高中英语成绩不优秀的学生也可以考虑用这个方法，先补齐初中英语的知识漏洞，然后再补高中阶段的漏洞。

◎ 多听多背培养语感

语言学习语感很重要，有语感才能写出好文章，才能出口成章。同时，语法和词汇也需要在不断的学习中巩固和加强。那个暑假，我给女儿购买了《新概念英语2》的网络课程，要求她自己制订学习计划，每天按时上网学习，平时也要读课文、记单词。

从冲刺小升初开始，我就安排她入睡前听英语课文的录音磁带。刚开始她比较抵触，但是，当她发现听过的课文和没有听过的课文，在背诵时效率完全不同以后，就变得积极主动起来。

《新概念英语》已经流行了30多年，教材中缺少一些现代化的新词。不过，它的语法体系编制得比较完备，第 2 册几乎涵盖了当时初中英语的所有基本语法知识点。加上文章经典幽默，利于孩子朗读和背诵，因此我选择了它。

经过一个暑假的学习，女儿在英语听、说、读、写方面有了全面的提升，英语成绩整体上升了一个台阶。进入初二以后，女儿的综合考试成绩开始进入年级前 50 名。

◎ 单词和固定用法的日积月累

虽然实现了后来居上，但是不继续努力奔跑还会落后！因此，平时我会督促女儿读课文，也适当安排她做一些练习题。特别是记单词！缺砖少瓦，房子是建不好的。在我看来，英语成绩中等以下的学生，单词记忆方面都有加强的余地。

有很长一段时间，我都定期给女儿听写英语教材词汇表中的单词。每次听写，我会在有错误的单词旁做上记号，要求女儿事后抄写几遍，隔一段时间再次听写上次错误的单词，几经反复，英语教材后的词汇表基本上就全部掌握了。除了课本，学校老师另外补充要求记忆的单词也应该纳入听写的范围。

当女儿的学习自觉性提高了一些以后，我便没有继续监督她记单词了。

女儿所在学校给学生发放的补充英文读物对于扩大单词量也很有帮助。女儿在读物上做了很多注解，这说明她读得很认真，因此，我从来都没有过问她的课外阅读情况。

进入高中以后，女儿的英语成绩排名相对于初中阶段，并没有进步，偶尔还有退步。这还是因为在英语学习上投入时间不足造成的。英语单词和固定用法是必须日积月累去记忆的东西，来不得半点投机取巧。

过目不忘是一种传说，绝大多数人都不可能一次性记下所有的单词。把难记的单词抄写在小纸条或者小本子上，利用碎片时间记单词，是一种相对有效的记单词方法。

那些英语成绩拔尖的学生，词汇量都很大，不会只局限于书本内容。清华大学不要求学生参加英语四、六级水平考试，但很多学生还是会报考。不少大一的新生，完全不需要任何复习准备，就可以在四级英语水平考试中轻松拿到高分。

此外，还有家长通过引导孩子阅读英文原版小说的方法，扩大孩子的词汇量，锻炼语感，从而帮助孩子提高英语成绩。

5.7 基础知识是"根"

5.7.1 基础不牢，地动山摇

所谓"万变不离其宗"，一切考题都衍生于基础知识。在"降低考试难度"的教育大背景下，日常考卷中，基础题会占大部分。也就是说，基础知识学得扎实，考个中等偏上的成绩是不难的。

很多基础知识是只要下功夫记忆就能掌握的。例如，理科学习中的概念、原理、表达式、公式；语文的字、词、文学常识、古文释义、诗词，英语学习中的单词、固定用法、语法知识，等等。家长拿着教材就可以考查孩子对基础知识的掌握情况。

如果孩子对新基础知识的理解有困难，那么就有可能是孩子对以前学过的旧知识有不理解的地方，因为很多学科的知识是环环相扣的。例如，平面几何没有学好的孩子，立体几何的学习就会有困难。这时需要先填补平面几何的知识漏洞，再来理解立体几何知识。

基础知识有很多漏洞的学生，往往会有畏难情绪，缺少认真查漏补缺的动力和耐心。这就需要家长或老师给他们鼓励和督促，在具体而详细的目标指导下，帮助他们梳理并补足知识体系中的薄弱项。

5.7.2　抓基础，提升语文成绩

女儿从小学开始，作文和阅读理解的成绩就一直不理想。我想了很多办法，却收效甚微。我能够抓的只有基础知识部分。但是，她本人对于基础知识一直不太重视。

出于能省则省的学习态度，她经常在学习中找各种借口，比如"这个内容不会考，不用记。""这个老师没有要求背诵，不用背。"……

有些内容我只能强制性地要求她背诵，但是效果并不好。

高一第一学期的期末考试前，女儿难得把文言文仔细复习了一遍，把以前不愿意背诵的都背下来了，不愿意记的也都记下来了。结果，那一次语文考试的文言文部分没有丢分，成绩也取得了比较大的进步。分析考卷的时候，我趁机点评说："看见没？这些基础知识，该记的还是得记的吧？！"从那以后，当她想努力学习的时候就会在基础知识上下足功夫，考试也能取得相对理想的成绩。

5.7.3　复习基础，提高生物成绩

高三进入复习阶段以后，女儿连续几次生物考试的成绩都不理想。当我问她原因的时候，她一脸茫然："我觉得我都会了，可是，也不知道为什么，就是错了这么多呀！"

我要求她把几次考试的卷子都找出来给我看。从试卷上，我发现她在基础题上丢分很多，于是，我要求她把生物教材全部找出来自己复习一遍。

她当时的反应是："都高三了，谁还看教材呀？教材里的那点东西

谁还不会呀！"不过，在我的坚持下，她还是心不甘情不愿地从书柜里翻出了教材。

复习了一段时间以后，有一天，她对我惊叹道："妈妈！还真是的！我做错的好几道题都是书上的原题！"

我接着要求她把忘记了的、不熟悉的知识点都做上记号，全部看完后回头再把做记号的部分复习两遍，这样高中生物的基础知识部分就差不多都掌握了。

5.8 尽可能挑战难题

5.8.1 为什么要挑战难题

◎ 培养勇于挑战的精神

在日常工作中遇到困难时，有的人喜欢迎难而上，享受攻坚克难的成就感；有的人则各种推诿退缩，难有建树。这种行为习惯大抵从学生时代就已经养成了，这大概也是社会上普遍看重学历的原因之一吧？因为逃避困难的人，学业上不可能有突出成绩。

我女儿小时候也有畏难情绪，比如学习奥数。不过，当她发现"自己居然也可以"的时候，就开始有了自信。随着学习成绩的逐步提高，她挑战困难的积极性也跟着高涨了起来。因此，培养孩子的挑战精神，就是要创造机会，及时赞赏，让孩子知道"我也能行"！

◎ 锻炼思维能力

难题之所以难，就在于它对思维能力的要求更高了一层。知识层次的提升其实就是思维能力的提升。没有相应的学科思维能力，学科知识是很难被理解和掌握的。

现在国家对竞赛过热现象进行了纠偏，取消了一些奥数竞赛，高考特殊录取方式也用强基计划替代了自主招生计划。但我女儿上学的时候，自主招生的主要考查科目是难度低于竞赛、高于高考的数学和物理。为了争取在自主招生中获得一些优势，女儿初高中期间一直上着物理和数学的竞赛课外班。因为她是后进生，基础知识还需要进一步巩固，所以，我没有让她在课外的竞赛课程上下很多功夫，她也没有在竞赛中取得有利于择校升学的突出奖项。不过，高出校内教学大纲的难度训练，使得她的思维能力足以应付教学大纲规定范围内的考试。另外，竞赛内容本质上就是校内课程的超前学习，相当于是预习。这些有难度的预习，更容易帮助孩子发现难点和问题点，更有助于提高孩子在学校的课堂效率。

当然，理科成绩优秀的学生中，也有从来没有学过奥数和竞赛课程的学生，但他们在日常的学习中一定不会缺少对难题的挑战。

过去有些学生为了追求高分，下苦功夫死记硬背各种难题题型的解答方法。这样的做法对于思维能力的提高并无益处，容易出现高分低能的情况。这大概也是近年来高考考题中没有了偏题、怪题的原因吧！

◎ 争取学业优势

选拔性质的考试中，拉开差距的大都是难题。

我认识一位因竞赛成绩特别突出而被保送进清华大学的顶级优秀学生的家长。根据家长的介绍，这位学生为参加竞赛，付出了很多努力，在竞赛学习和做题训练上花费了大量的时间，少有假期。不过孩子自己感觉很充实，学得也很愉快。孩子平时很少沉迷于游戏或手机，喜欢挑战，更愿意花两三个小时去解一道难题。这也印证了"宝剑锋从磨砺出，梅花香自苦寒来"的道理。唯有不断攻坚克难，方能攀登更高峰。

古语云："求其上，得其中；求其中，得其下；求其下，必败。"也说明只有按高标准去努力，才能够获得更好的结果。

5.8.2　挑战难度要适中

◎ **先夯实基础，再考虑挑战难题**

难题是以基础知识为根，考查学生对知识的综合运用能力和拓展能力。如果孩子的基础知识学得不够好，那么就没有必要去冲击难题，而是应该先打好基础，就如同建房子先要打好地基一样。

◎ **保护孩子挑战难题的兴趣**

难题就像是一座座小山峰，逼着孩子去攀登过高的山峰，容易引发孩子的抵触情绪并导致畏难心理。因此，难题的难度应该设定在孩子的学习能力可接受的范围内。也就是说，当孩子刚看到题目的时候，可能百思不得其解，但是，经过一番思索，或者在听过老师的讲解以后，能够明白其中奥妙，再次动笔能够做出来，这样的难题可以挑战一下。

对于学业表现不够优秀的学生来说，有难度的题会比较多，那么就从稍微简单一点的难题或者说难一点的基础题开始挑战。对于每一个小小的进步都给予鼓励和表扬，以帮助他建立自信心。因为唯有自信才是不断突破的持续动力。

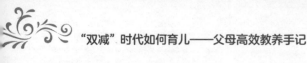 5.9　克服粗心问题

5.9.1　刻意练习提高成绩

所谓"细节决定成败"，想要在竞争中脱颖而出，必须注重细节的把控。女儿上初中后，有一段时间考试经常出现因为粗心丢分的情况。

粗心的原因大概有以下两种。

① 对于基本概念的理解不够清晰，知识掌握得不够熟练。

这种情况不是粗心，而是没有学好学扎实。试卷上出现这种丢分情况，我都会要求女儿自己查找知识漏洞，并有针对性地做一些题，以提高熟练度。

② 看错题目，看漏条件，题意理解错了。

有一段时间，女儿出现这种错误的频率很高。分析试卷的时候，经常说出类似这样的话："哎呀，4 个条件我只看到了 3 个！""我怎么就把 A 理解成 B 了呢？""我真是脑抽了，这么简单的题，我怎么就想得那么复杂呢？"等等。

面对这种情况，我也曾生出无力感。几番思索之后，我建议她一边读题，一边在重要的条件下画线或者打点。目的是为了帮助她养成考试时仔细读题的习惯。

对于我的提议，一开始她并不愿意接受，她反驳说："考试的时候，哪有那么多时间去打点或者画线呀？多浪费时间呀！"

我反问她："一边读题，一边在重要条件打点或者画线能浪费多少时间？总比看错题，算半天算不出来，或者干脆做错，浪费的时间少得多吧？"

即使这样说服，她还是不情不愿，让青春期的孩子接受建议不是件容易的事情。我不可能考试的时候盯着她，只好每次考试前再三地叮嘱："一定要记着重要的条件下打点或者画线啊！一定啊！"考完试出来我又问："在重要的条件下打点或者画线了吗？"

我一向比较民主，但偶尔态度强硬时，她就知道这是必须执行的。因此，在我的再三强调和提醒之下，她还是照做了。

经过一段时间的训练，仔细读题的习惯终于养成了，即使我不再提醒她在重要条件下打点或画线，女儿因为粗心丢的分也少了很多，成绩随之有所提高。

除了粗心以外，书写不规范和答题不规范也是很多孩子在考试中未能发挥正常水平的重要原因。

我女儿刚开始学习写字的时候没能养成良好的写字姿势和写字习惯。因此，从小学三年级到初中的寒暑假，我会给她买来字帖让她自己做计划进行临摹练习。我给她买的字帖有成语字帖、古诗词字帖、美文美句字帖、英语单词字帖、英语短语字帖，等等。她在练字的同时也学习了文化知识。

至于答题的规范问题，老师会在日常的教学中反复强调，这也是平时考试的判卷标准之一。女儿高考数学丢的唯一一分就是因为少写了一个步骤。家长平时在分析孩子的试卷过程中，如果发现孩子经常有答题不规范、跳步骤答题、错位答题等问题，可以有针对性地多加练习，以养成孩子规范的习惯。

有一个21天定律，大概是说如果坚持一种行为21天以后，就会形成习惯。改变孩子的一些坏习惯不一定都需要21天，但是反复强化练习还是很必要的。

5.9.2　改变坏习惯要循序渐进

孩子成长的过程中难免会养成一些坏习惯。家长面对这些坏习惯有时候会火冒三丈，忍不住对孩子打骂吼叫，结果孩子还是屡教不改。

其实，孩子刚出生时就是一张白纸，周围环境呈现什么，他就模仿什么，他们不懂好坏善恶。一旦习惯养成，想改变是比较困难的事情。就像我们习惯了用右手写字，如果要改用左手写字，就需要练习很长时间，而且还可能坚持不下去一样。

因此，当我们发现孩子养成了坏习惯的时候，首先要做的就是分析这个坏习惯是怎么养成的，比如：

◎ 孩子不爱学习——孩子从小成长的环境中有没有学习的氛围或榜样？

◎ 孩子爱玩游戏——孩子小时候家长是不是为了省事经常让孩子毫无节制地沉浸在游戏里，孩子的生活是不是很单调？

◎ 孩子打人说脏话——孩子成长的环境中是不是有人经常说脏话，孩子是不是经常挨打或者孩子身边有经常动手打人的人？

◎ 孩子做事拖沓——是不是从小对孩子做事就没有过时间上的要求，孩子的陪伴者是不是也做事拖沓？

…………

找到了原因以后，再用如下列举的方法对症下药，或许能帮助孩子改变。因为鸡蛋只有从内部打破才会是成长，改变孩子，也只有想办法激发孩子内心改变的意愿，才能实现突破。

◎ **言传身教**

孩子看到身边的人经常看书学习，那么他就会去模仿。此外，平时多给孩子讲一些积极向上的励志故事，介绍身边人的成功经验，帮助孩子树立远大的理想，给予孩子积极进取的动力，等等，也能促进孩子的成长和进步。

◎ **激励法**

用孩子特别感兴趣的事情去吸引孩子，比如承诺孩子一天以内不说脏话就给他特别的奖励。如果能坚持一段时间，孩子说脏话的习惯应该会改变很多。

◎ **督促法**

对于写作业拖沓的孩子，要求在规定时间内写完作业；禁止在写作业的时候做其他事情；如果不能够按时写完作业就不能玩，等等。

◎ **偶尔体罚**

物以稀为贵，严厉的体罚一定要强调"偶尔"两字。因为只有"偶尔"才能够让孩子印象深刻，才能够得到最好的效果。这种"偶尔"的体罚并不需要真的伤害到孩子的身体，只是必须要有气势，能让孩子意识到事情的严重性。体罚的目的重在教育，因此一定要就事论事，千万

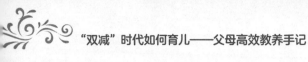

不要让弱势的孩子成为家长不良情绪的发泄对象。俗话说"棍棒底下出孝子"，如果这个棍棒包含着浓浓的爱意，那么就能够教出一个心理健康的孝子来；否则，就可能会教出一个或懦弱无主见或叛逆暴躁的孩子。

女儿求学期间我对她只有两次体罚。一次，是她放学后玩到很晚才开始写作业；另一次，是拿着手机躲在被子里看网络小说。

◎ 等待孩子的自我觉醒

我一直没有发现我女儿学习时边玩边学的习惯，但是当她受到激励想要努力学习的时候，她自己就会暂时克服这个坏习惯。

也有孩子突然对某一学科产生了浓厚的兴趣；还有孩子受到某一个人或某一件事的影响，而奋发努力的。这就是人们常常期待的"静待花开"，不过出现这种情况的概率比较小。

另外，坏习惯，最好在刚有苗头的时候就马上纠正，也就是要防微杜渐。习惯形成的时间越长，就越难改变。

比如，孩子刚开始不洗手就吃东西的时候，家长提醒几次，孩子就会养成吃东西前洗手的习惯。如果孩子习惯了吃东西不洗手，家长让他改变的时候，他就会很抵触，想要改变就需要相当长的一段时间了，而且必须经历一个反反复复的过程。

第 6 章
高考决胜秘诀

有人说，孩子的高考成绩有一半由家长决定。

汽车要跑得快，内部动力要足，外部阻力要小。家长要做的就是，给足孩子动力，并避免焦虑情绪成为孩子冲刺的阻力。

6.1　复习冲刺期间

6.1.1　生活方面

帮孩子挤时间

高三复习冲刺期间的学习氛围比较紧张，如果家长能够帮助孩子减少在上下学路上所花费的时间，那么孩子就能有更多的时间休息或学习。像北京这样的大城市，孩子上下学单程花一两个小时都属正常情况。如果每天能减少半小时，一周就节省出两三个小时，一个月能节省出十几个小时。积少成多，对孩子的学业多少会有一些影响。

脑力和健康保障

饮食上除了营养搭配，饮食多样化以外，适当增加能够使孩子的思维更敏捷、精力更集中的食物，例如富含胆碱的花生、鸡蛋、山核桃，富含卵磷脂和优质蛋白的鲈鱼、三文鱼、海鲜，富含维生素的各类新鲜水果，等等。

女儿上高三以后，每天的早餐都由新鲜的禽肉蛋、水果以及碳水化合物组成。因为海鲜和鱼类被认为是补脑食物，所以差不多每周我们都会吃一次鱼产品。高三学习特别紧张的时候，女儿偶尔会撒娇说："妈妈，我的智商急需'充值'，快点给我做鱼吃！"

6.1.2　心理疏导

面临人生中的第一道大考，所有的孩子都会被周围的备考氛围所影响，情绪也会随着考试成绩的起伏而变化。如果家长能够注意观察孩子的情绪和状态，适时进行疏导，那么就能有效地助力孩子的学习。

在第一章中有写过，我女儿上高三以后，由于有过几次不错的考试成绩，有一段时间自信心爆棚。在得意忘形之下，她的学习状态不知不觉就会放松，成绩接着下滑，于是她又开始自信心又不足了。"胜则骄，败则馁"本是兵家大忌，可是女儿就是避免不了。

一次考试失利后，她对我抱怨："妈妈，我觉得你对我的要求越来越高了！"我趁机说："没错，我对你的要求是比以前高了，那是因为我以前没发现你有这么聪明呀！如果是一块朽木，我才懒得去雕呢！可是，如果你是可塑之材，我却放任不管，那岂不是糟蹋了你的聪明才智了吗？"

又一次考试失利后，她问我："妈妈，我为什么一定要上清华北大，考个普通点的学校不行吗？"我说："如果你没有能力上清华北大，妈妈一定不会要求你。但是，如果你本来有能力上，却因为不够努力而错失了机会，那么，将来你面临清华北大毕业生更受重视的时候，你会不会懊悔？妈妈现在要求你，只是不希望你将来懊悔时责怪妈妈在你不懂事的时候没有好好管教你。"

高考前一个月的某个晚上，女儿躺在床上，忐忑地问我说："妈妈，清华北大都是状元去的学校，我能考得上吗？"我对她说："你回想一下，你小学连重点中学的预备选拔班都进不去的时候，有想到过能考进市重点中学的第一实验班吗？你初中考到年级第九名都兴奋得睡不着觉的时候，有想到过高中能够考进年级前三名吗？所以，你现在完全不需要去想能考进什么学校，你只要全力以赴地去学习，去备考，无论结果如何，将来回想起来，没有后悔、没有遗憾就行！"

就这样，我没有给女儿必须考清华北大、必须考高分的心理负担，但激起了她竭尽全力勇敢一搏的昂扬斗志。她自觉地缩短了每天睡觉的时间。有几次我看着她写满疲惫的小脸蛋，问她："累不累？"回答：

"不累！""困不困？"回答："不困！"我就知道她已经进入了全力以赴的冲刺状态，从那时起，我对于她高考结果的期待远远多于忐忑。

高考结束后，女儿坚决不看答案不估分，不过，她淡定的神态告诉我，她很有自信。我们一家三口，只有她爸爸表现得不够淡定，我对她爸爸说："放心吧！以你女儿的状态，高考成绩肯定差不了！她不会让你失望的！"

女儿的同学，无论是小学阶段的还是中学阶段的，有很多人暗自疑惑："明明我曾经的成绩并不比她差，可为什么结果就差那么多呢？"其实也有家长对我提出过类似的问题。而我给出的答案和他们想象的完全不同。我认为，这和运气完全没有关系，而是和持续的改进提高，以及我给予她的积极而坚定的心理引导有关。"狭路相逢勇者胜"，当她充满了一往无前斗志的时候，我基本上不担心她会输，这就是积极心态的力量！

面临高考，平时学习再不上心的孩子都会紧张，一直保持年级第一的孩子同样也会担心考场失利。这个时期的他们，需要奋勇拼搏的动力和舍我其谁的自信，不需要扰乱其心志的焦虑和患得患失的压力。家长作为孩子心灵的港湾，只有保持平和、淡定的心态才能成为孩子最强有力的精神支柱！高考考场上，除了知识水平的比拼，还有心态的比拼、抗压能力的比拼，不到最后一刻谁能够知道输赢呢？！

曾经有一位妈妈，仅仅因为孩子在高考前的模拟考试中成绩跳水，而对孩子又打又骂，不断地唠叨诉苦，导致孩子产生了严重的厌学情绪，当年高考名落孙山。事后，父母和孩子坐在一起进行了一次深入的交流。这个孩子复读一年以后仍然考进了自己理想中的大学。如果这位妈妈能够在孩子考试失利时冷静地和孩子沟通，或者干脆冷眼旁观，那么孩子可能就不需要这一年的复读了。

有家长可能会说"我的孩子以前没有教育好，学习成绩很差，现在马上要高考了，我能不焦虑吗？"那么就静下心来想一想，我们对孩子最大的期望是什么？我相信一定是健康、快乐！人生虽然没有回头路，但是"条条大路通罗马"。高考进不了名牌大学，只要继续努力，研究生还可以进，甚至可以到国外继续深造。对于孩子来说，高考确实是人生的一个重要的转折点，但绝对不是终点。就算孩子学习不行，或许他有潜力成为技高一筹的大厨、优秀的音乐家、生意场上的高手……即使成为一个极其平凡的人，只要身心健康，也能生活得幸福快乐。

人生处处是"起点"，当孩子站在高考的十字路口上时，家长只需要为他加油助威就好！

6.1.3 复习的关键在于查漏补缺

女儿那时的高三冲刺阶段，学校老师会带领学生们进行三轮复习。虽然现在的高考模式有所改变，但基本的教学方式应该不会有大的变化。利用好这三轮复习的机会，也有望提高孩子的成绩。

第一轮复习中，老师会带领学生把所有学过的重点知识详细地梳理一遍。我再三对女儿强调，第一轮复习是查漏补缺的最佳时机！因为经过一段时间以后，以前学过的内容肯定会有遗忘或者记忆模糊的，所以，一定要紧跟老师的复习节奏，千万不能觉得好像都会了，就不认真听讲。一节课能发现一个遗忘的细节，这堂课就是有效的。同时，发现问题一定要及时解决！

女儿跟我聊天时也有提道："今天数学老师讲的一个问题，我以前居然完全没有注意到！"我说："很好！这就填补上了一个漏洞，考试的时候就会少一个丢分项！"

第二轮和第三轮复习没有第一轮那么细致，主要是攻克重点和难点内容。

在整个复习阶段，我对女儿具体学习上的帮助，最多就是帮助她听写一些要背诵的内容。带高三毕业班的老师，教学经验都很丰富，对高考政策的解读、考试出题方向的把握等比我们家长深刻得多，因此，具体学习内容交给老师，我负责提醒女儿需要注意的事项并关注她的学习状态。

无论是哪一轮复习，最重要的就是"查漏补缺"！记得我高三复习的时候，和一个同学一起看同一本英语语法书，我看得比她快很多，但是，我们俩互相检查的时候，我学习的效果却比她好很多。那就是因为，我第一遍看书时的注意力都放在查找自己不太熟悉的内容上，边查找边做标记，第二遍和第三遍重点复习做上标记的内容。这样会比囫囵吞枣式的学习更有效率。

高三复习时间紧任务重，在平时的学习中，通过作业或测试，找出弱点、难点，有针对性地复习和刷题，就可以收到很好的复习效果。

高三上学期快结束的时候，女儿对我说："妈妈，不知道为什么，生物的压轴题我总是拿不到满分！"我想了想，回答她："应该是因为你对有些知识难点掌握得不够好吧？寒假报一个课外班补一补？"她接受了我的建议，自己选择了一门主要讲授生物难点的寒假培训课程。经过一周的学习，她告诉我，有些问题终于理解透彻了！那个寒假，她只上了这一门课外班。

虽然现在有"坚决压减学科类课外培训"的规定，但是，网络课程资源比我们那个时候丰富得多。孩子遇到类似的情况，可以求助学校的老师，可以购买相关的辅导书，也可以到网络平台上寻找相关学习资源，等等。

高三复习阶段的作业基本上都是一大摞试卷，这是"高三党"学习辛苦的原因之一。女儿学校的老师下发试卷的同时也会下发答案，要求学生们做完试卷以后自己检查对错，然后在接下来的课堂上，老师针对难题、易错题进行详细的讲解。

女儿每次自己核对答案时，都会对错题、有疑问的题进行标注，以便在课堂上集中注意力听老师讲解这些题。每一张试卷，她错的题不会有很多，因此，课堂上她认真听课的时间也不多，其他时间，她会抓紧时间做下一份卷子。他们班上很多学生利用休息时间写作业，尽管我不建议她这么做，但她还是我行我素地融入到了这个氛围之中。由此，她每天在学校就能把老师布置的作业完成大半，回家还有时间整理错题、难题，补齐疏漏的知识点，同时，还可以保证足够的睡眠时间。女儿每天回家后可自由支配时间的有效利用率，决定着她学习成绩的高低，这也是她最后冲刺成功的底蕴所在。

"双减"政策中明确规定"小学三至六年级书面作业平均完成时间不超过60分钟，初中书面作业平均完成时间不超过90分钟"。这一方面保证了学生休息和发展综合素质的时间；另一方面也是给学生留出查漏补缺的时间。查漏补缺的自主学习能力将直接影响孩子的学业成绩。

6.2　高考期间

6.2.1　考前准备

生活方面

女儿在初高中阶段的期中、期末考试期间，曾经历过感冒、发高烧以及肠胃不适等情况，因此，在高考期间我特别注意避免类似情况的发生。

每年高考都在炎热的夏天，不要因为贪凉而把家里空调的温度调得太低，以免着凉感冒。

考试时会的食谱选择孩子平时爱吃的、容易消化的清淡食物。生冷油腻的食物可能会引起肠胃不适，吃得过饱则容易引起困倦。

考场踩点和用具准备

考生拿到准考证以后，如果对考场所在的学校太不熟悉，那么一定要到考场周围走一遭，设计好考试当天的出行路线，以免出现跑错考场或者迟到的情况。特别是，有些学校的名称相近，差一个字可能就相距很远，一定要确认清楚考场地点。超过规定的最晚入场时间一分钟，那么耽误的就是孩子的一整年！

考试当天出门前，家长一定要监督孩子检查一下身份证、准考证、考试用具是否带齐全，以免到了考场才发现有证件没有带而进不了考场，从而陷入慌乱的状态。

高考前夕帮助孩子调整好生物钟

高考前一两周，孩子们会回家休息备考。在家的这两周时间里，头几天可以适当休息放松一下，临近高考的前一定要把生活学习的节奏调整到与高考期间的节奏一致。

我参加高考的那一年，本想着休息好了养足精神参加高考，结果因为考前电闪雷鸣的天气，高考期间的三个夜晚，我几乎都在失眠中度过的。

让孩子在熟悉的家庭环境中备考

高考期间的住宿环境最好也不要有改变。女儿高考前一天，为了给她一个更加舒适的环境，我特意把房间整理了一番，结果，女儿第一晚到凌晨一点多还没有睡意。

为了缓解她的紧张情绪，第二天开车送她去考试的路上，我语气轻松地宽慰她说，"我当年高考三天都没有睡好，并没有影响到考试成绩，所以小小的失眠不是什么问题！"

高考午休期间尽量放松

高考期间的中午，家长最好给孩子安排一个可以安静休息半个小时左右的午休环境，以便孩子身心放松地迎接下午的考试。

我曾看到有孩子利用午休时间紧张地看书复习！平时没有抓紧时间学习，考前的"临时抱佛脚"只会加重焦虑状态，很可能不利于考试的发挥。

6.2.2 心态决定成败

高考期间失眠怎么办？

高考期间失眠的情况不在少数，女儿说她班上有住校参加高考的同学，一个宿舍的4个学生或轻或重都有失眠情况。另外，高考期间也有出现身体不适的孩子。无论孩子是失眠，还是身体不适，家长首先要保持淡定，千万不要露出焦虑的神情，要镇定地告诉孩子，平时的积累是主要的，这些意外对考试成绩不会有影响，只要集中精力认真答题就可以了。这种心理暗示可以帮助孩子保持良好的竞技状态。

帮助孩子放松考试时的心态

平时考试前，我都会告诉女儿："你觉得难的时候，别人也可能觉得难；你觉得简单的时候，别人也会感觉简单，所以，考题难的时候不要慌张，尽量把能拿的分数都拿到手；考题简单的时候不要得意，一定要细心再细心，小心别掉进'陷阱'！"这样无论考题难易，孩子在考试时都能够保持淡定的状态。

有平时成绩很优秀的学生连续复读参加三次高考都发挥失常。这应该就是心态的原因。"目的颤抖"是奥地利著名心理学家雷蒙·阿隆提出的心理学概念之一。为此，他做了一个简单的试验，即在给小小的绣花针引线的时候，越是全神贯注，手抖动得越厉害，线越不容易引入。阿隆将此概括为"目的性越强，越不容易成功"。同理，学生越在意考试的结果，越难发挥出正常水平。

6.2.3 专业选择建议

关于专业的选择问题，女儿高一时，我们在开车上学的路上进行了如下的对话。

我："你将来想学什么？"

女儿："我想学物理。"

我："啊？你想学物理？你知道物理有很多细分的专业吗？你想学哪个方向？"

女儿："因为学物理可以做东西呀！比如，做一个能够自动编曲并播放美妙音乐的机器。"

我："哦，你说的这个好像更偏向人工智能。以后有机会你可以了解一下。"

此后不久，女儿凭借高中"开门红"的成绩入选了优秀中学生英才计划。这个由教育部和中国科协共同实施的计划，是从高中生中选拔出一批学有余力的优秀学生提前走进大学，在大学教授的指导下自学专业知识、体验科研过程、激发学科兴趣，进而发现有学科特长和创新潜质的优秀学生。在选专业的时候，女儿自己选择了计算机专业。经过一段时间的自学，女儿兴奋地告诉我："妈妈！我觉得编程好好玩哦！以后我就学计算机了！"

计算机专业需要数学思维能力，而女儿在所有学科中数学最强，其次是物理。因此，从扬长避短来说，我认为计算机专业还是比较适合她的。虽然很多人说学习计算机专业很辛苦，但是我想适合的才是最好的，想有所成就的话，干哪一行都不轻松。

其实，在女儿初中的时候我们就曾经讨论过将来学什么的问题。聊到计算机专业时，当时她的反应是"我才不要当'码农'！才不要当'城市农民工'呢！"可是，当她实际体验过以后，就改变了想法。至于将来她会不会又改变想法，无法预测。不过，进入清华大学以后，在高考状元比较集中的专业里，我几次问她想不想换专业，她都坚定地摇头说："不想！"

教育改革一直在路上，这几年高考也推出了一系列改革举措。比如，取消文理分科，高考科目改为"3+3"或"3+1+2"模式，等等。但是无论怎么改，高考之后，孩子都将接受分类更为细化的专业知识学习，并由此确定今后的职业方向。可以说，专业选择是孩子开启独立人生之前迈出的极为重要的一步。

根据个人的经验，笔者就专业选择问题提供如下几点建议，供参考。

◎ 尊重孩子的兴趣

有的孩子在学习的过程中，的确对某一学科产生了浓厚的兴趣，或许这一兴趣并不一定是热门专业，那么也请尊重孩子的选择。因为"为谋生而拼搏"和"为兴趣而拼搏"的动力来源不同，面临挑战和挫折时的心态就会不同，那么获取的成就也会大不相同。

北京大学曾有学生即使本科是热门专业的年级第一，但研究生还是选择了一直心心念念的历史专业。像这样的"真爱"坚持下去定会不同凡响。

梁启超在《学问之趣味》一文中也写道："凡人必常常生活于趣味之中，生活才有价值。若哭丧着脸捱过几十年，那么生命便成为沙漠，要来何用？"

◎ 帮助孩子了解相关专业的内涵，分清楚是"真的感兴趣"还是
　　"肤浅的喜欢"

面临专业选择的时候，很多孩子还是懵懂的。曾听到过家长说"只要孩子喜欢就好！"但是，"喜欢"一定要区分是"真心的喜欢"还是"肤浅的喜欢"。例如，逆反心理比较强的孩子，由于从小到大被圈定在校园和家里，他们会憧憬无拘无束的环境，于是，他们选专业的标准

可能会定位在不要整天坐办公室！能满世界跑最好！由此，有的孩子会选择新闻、地质、旅游等专业。但是，一旦他们深入这个行业，在了解到行业的真实状况以后，部分孩子的幻想就会彻底破灭，接下来就是想方设法地转专业。因此，在专业的选择上，家长如果能够将自己的人生阅历和见识传递给孩子，帮助孩子在了解自己、了解社会、了解行业内涵的基础上做出选择，那么将会更加有助于孩子的人生发展。

有些中学充分利用家长资源，请家长们给学生讲解各自所在行业的状况和要求，这对于学生的专业选择也是非常有助益的。

◎ 尽量扬长避短，选择孩子比较擅长的学科方向

我自己当年面临文理科分班选择的时候，父母坚信"学好数理化，走遍天下都不怕"，坚决要求我选理科。但是，我当时文科学得很轻松，成绩也优秀，理科学得很费劲，成绩还不理想，于是，我坚持己见地选择了文科。至今我还在为我当初的坚持感到庆幸，否则我的人生会是另一个模样。

◎ 关注社会发展对专业的需求趋势

一技之长是孩子独立谋生的基本依仗。在时代变迁的洪流中，有的热门行业逐渐衰退，有的行业日渐兴起。不过，整个社会就像是一座复杂的大型机器，需要各行各业不同类型的人才。家长可以根据自身的家庭情况以及掌握的社会资源，帮助孩子了解社会发展的趋势，选择更适合个人发展的专业。

第 7 章
对近期热点教育政策的理解

"不忘初心，方得始终"，所有教育政策应该都是围绕教育的初心来制定的。同时，国家层面政策的出发点一定是为了满足国家发展大局的需要。

教育服务于社会，我们教育孩子的初心应该是，在保证孩子拥有健全的体魄和健康的心理状态的基础上，培养他们独立生存的能力以及认识、开拓、改造、创新世界的能力。

本章将据此谈一谈个人对近期部分热点教育政策的理解。

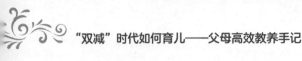 ## 7.1 探析实施"双减"政策的目的

"双减"政策将总目标说得很清楚，即"强化学校教育主阵地作用，深化校外培训机构治理，有效缓解家长焦虑情绪，坚决防止侵害群众利益行为，构建教育良好生态，促进学生全面发展、健康成长"。进一步详细解读，可望实现如下目标。

7.1.1 增强学生的身体素质

未成年人的身体和智力发育需要充足的睡眠、适量的运动和合理的膳食营养。然而，根据相关部门的统计数据，2020年我国中小学生的肥胖比例已经超过了10%，高中生的近视率则高达80%！学生学习时间过长、睡眠不足、过度使用电子产品、户外运动时间不足等问题已经严重影响到了这一代人的身体素质。周恩来总理曾说过："为中华崛起而读书！没有好身体，读书读得再好，也不能建设祖国"。因此，教育制度改革已经迫在眉睫。

"双减"政策中的"全面压减作业总量和时长""校外培训机构不得占用国家法定节假日、休息日及寒暑假期组织学科类培训""保障学生休息权利""线上培训要注重保护学生视力，每课时不超过30分钟，课程间隔不少于10分钟，培训结束时间不晚于21点"等规定，就是为了减少学生的学习时长，把睡眠、休息和运动的时间还给孩子们。

"少年强，则国强"，实现中华民族的"强国梦"必须先从娃娃的身体素质抓起。

7.1.2　保护学生的心理健康，培养更完善的人格

"双减"规定中的"考试成绩呈现实行等级制，坚决克服唯分数的倾向"以及教育部提出的"考试结果不排名、不公布并以适当方式告知家长和学生，不得按考试结果给学生调整分班、排座位，'贴标签'"等要求，就是要让学生养成自己和自己比，而不是和别人比的人格。

在过往的"唯成绩论""唯排名论"的氛围中，学习成绩一直落后的学生，容易形成自卑、消极或叛逆的个性；而成绩一直名列前茅的学生，则有可能形成目空一切、刚愎自用、难以承受失败等阻碍成长的个性。曾听到过优秀学生因为一两次失败的考试成绩而轻生的案例，实在是让人扼腕唏嘘。

中小学阶段正是孩子人格和世界观形成的关键时期，一直处于和别人比较氛围之中的孩子，在成人之后依然逃脱不了攀比的个性。适度的攀比或许可以给人努力前行的动力，而过度的攀比则容易滋生嫉妒恨的心理，进而发生"背后插刀""互相拆台"的情况。山东淄博一位初三学生的杀人动机是"杀死第一名，我就是第一名"，就是这种心理导致的恶果。另一方面，当攀比者发现"人比人气死人"的时候，很容易陷入绝望、消极、懈怠的状态，直至"破罐子破摔"，可以说，近年来所谓"躺平"的生活态度就是这种心态的衍生品。

哈佛大学校长拉里·巴考（Larry Bacow）在2021年的开学典礼上引用了犹太经典名著中的几个问答，其中一问是"谁是富有的人？"答："为自己而高兴的人"。拉里接着说："相信我，让我告诉你，当你专注于对你来说重要的事情时，你的生活会出现改变。"也就是说，当一个人专注于自己内心的需求，在不断的努力中获得成就感时，他的内心是富足的，而内心富足的人因为专注于自我成长，所以更容易获得成长和进步。

"一箭易断，十箭难折。"如果全体国民各司其职，专注于各自感兴趣的领域，那么，便很容易形成团结友爱和谐互助的社会氛围，从而助力国家的强盛和人民的安居乐业。

7.1.3 减轻家长的经济负担和心理负担

教育焦虑早已成为社会上的热点话题。常听到家长说："现在的孩子太累了，可是不学不行啊！"也有花几十万元给孩子请一对一辅导，孩子的成绩还是原地踏步的。虽然作为工薪阶层，6位数以上的培训费用不是小数目，但是，哪怕是为了一点心理安慰，家长也不得不支出这笔大额开支。我也曾建议个别家长："学习是一个长期的事情，最好从改变孩子的学习方法和学习态度上下功夫。"但是，身处剧场效应旋涡中的家长，很难将心态放平。

"严格执行未成年人保护法有关规定，校外培训机构不得占用国家法定节假日、休息日及寒暑假期组织学科类培训""强化培训收费监管，坚持校外培训公益属性""现有学科类培训机构统一登记为非营利性机构"等规定，从源头上切断了压在家长头上的经济负担。

同时，"积极推进集团化办学、学区化治理和城乡学校共同体建设，充分激发办学活力，整体提升学校办学水平，加快缩小城乡、区域、学校间教育水平差距"的规定以及为降温"学区房热"而采取的一系列措施，也从思想上缓解了家长过分焦虑的情绪。其实，无论是国内还是国外，最贵的学区房里也有考不上大学的孩子，毫不起眼的学校也有考上顶尖大学的学生。我比较赞成"不是牛校成就了牛娃，而是牛娃成就了牛校"的说法，家长普遍重视教育的地区，学校的教学成果都不错。"打铁还需自身硬"，内因才是决定性因素，对于孩子的成长来说，家庭教育的氛围远比"学区房"重要得多。

"引导学生自愿参加课后服务。课后服务结束时间原则上不早于当地正常下班时间；对有特殊需要的学生，学校应提供延时托管服务；初中学校工作日晚上可开设自习班"的规定，可谓是双职工家庭的福音，大大缓解了家庭事业难以两全的矛盾。

家长的经济负担和思想负担减轻了，亲子共处的时间增多了，孩子可以感受到更多的爱和关心，心理也能得到更健康的发展。

7.1.4　提高教育质量，助力国家强盛

21世纪是科技的世纪，一个顶尖的核科学家团队抵得过千军万马；一个顶尖的人工智能工程师团队能够造福千百万人；缺乏先进的基础材料、高精尖设备的工程师，我们的国家就不得不受制于人……科技创新能力已经成为综合国力竞争的决定性因素。

习近平总书记指出："今天，我们比历史上任何时期都更接近中华民族伟大复兴的目标，比历史上任何时期都更有信心、有能力实现这个目标。而要实现这个目标，我们就必须坚定不移贯彻'科教兴国'战略和'创新驱动发展'战略，坚定不移走科技强国之路。"

"科教兴国"战略，就是在科学技术是第一生产力思想的指导下，坚持教育为本，把科技和教育摆在经济、社会发展的重要位置，增强国家的科技实力及向现实生产力转化的能力，提高全民族的科技文化素质，把经济建设转移到依靠科技进步和提高劳动者素质的轨道上来，加速实现国家的繁荣强盛。

本书第3章已经说过培养学生自主学习能力的必要性。"学校教育教学质量和服务水平进一步提升，作业布置更加科学合理""鼓励布置分层、弹性、个性化作业""坚决压减学科类校外培训""线上培训机构不得提供和传播'拍照搜题'等惰化学生思维能力、影响学生独立思考、违背教育教学规律的不良学习方法""坚持以学定考，进一步提升

中考命题质量，防止偏题、怪题、超过课程标准的难题"等规定，就是为了帮助学生摆脱依赖心理，培养独立学习、独立思考的习惯，提高创新能力，以适应科技社会的发展需求。同时，所有的教育选拔考试也都将围绕这一目标展开。

科技兴则民族兴，教育强则国家强。这，才是实施"双减"政策的主要目的。

7.2　家庭教育如何与时俱进

"双减"政策确实减轻了家长的经济负担和思想负担，但并不是说家长不需要管孩子了。网络上有人吐槽说"双减之后分层会更加剧，有人会吊儿郎当，有人会一路开光"。我认为这种可能性是存在的。缺乏学习兴趣和良好学习习惯的孩子，因为缺少了课外班的监督和制约，更可能在"吊儿郎当"中空耗时光；而喜欢学习的孩子，则因为减少了不必要的学习负担，有更多的时间投入到自己感兴趣的领域之中，所以会"一路开光"。

7.2.1　关于学前教育的规定

根据我了解到的情况，"双减"政策出台之前，一些学前班、幼小衔接班、思维训练班等的教学内容已经远远超出了正常学龄前儿童的思维水平。网络上有一些学前班的课后作业题展示，这些题连成年人都很难一下子回答出来，何况是思维水平还没有发展起来的幼童！这种揠苗助长式的教学内容对孩子的成长并无益处。"严禁以学前班、幼小衔接班、思维训练班等名义面向学龄前儿童开展线下学科类（含外语）培训"等规定，把自由成长的空间还给了学龄前儿童。同时，6岁以前是儿童视力发育的黄金时期，长时间看电子屏幕会损害儿童的视力发育，因此才会有"不得开展面向学龄前儿童的线上培训"的规定。

学前班关闭了，但"三岁看小，七岁看老""万丈高楼平地起，千年古树靠根撑"，如果希望孩子将来学业有所成就，那么家长就不能忽视孩子的早期智力启蒙。

本书第3章中有写到，每个人或多或少具有8种智力，即语言智力、逻辑数学智力、视觉空间智力、音乐智力、身体运动智力、人际智力、内省智力、认识自然的智力。这些智力不会凭空产生，而是孩子出生以后，在学习和体验中逐步发展起来的。

语言智力的早期启蒙，重在给婴儿期的孩子提供丰富而清晰的语言环境以及阅读兴趣的培养。大语文时代需要大量阅读，如果孩子对阅读缺乏兴趣，那么语文学习就难有成效。同时，阅读兴趣也是培养学习兴趣的关键一环。因此，创造学习型家庭环境以及家长给孩子讲故事，朗读经典美文，等等，亲子共读活动，可为对孩子今后的学业成长打下良好的基础。

逻辑数学智力的早期启蒙重在保护孩子的好奇心和探索欲，少给孩子设定条条框框，尽可能地拓展他们思维的广度和深度，发掘他们的兴趣爱好。有家长曾跟我抱怨说，孩子太淘气，经常把厨房里的各种调味料拿出来掺和在一起玩。我当时建议："这不是什么坏事啊！可以网购一些面向儿童的科学实验道具，带他做做科学小实验呀！"孩子的研究学习能力不是从文化课的学习开始，而是从他们探索身边事物的时候就开始了。

同时，婴幼儿在对环境的探索以及上蹿下跳中发展着**视觉空间智力**；在抬头、翻身、坐、爬、站、走、跑、跳中发展着**身体运动智力**；在与小伙伴玩耍嬉闹中发展着**人际智力**；在聆听大自然的旋律和美妙的乐曲声中发展着**音乐智力**；在欣赏春的绚烂、夏的葱茏、秋的斑斓、冬的萧索中发展着**认识自然的智力**。因此，过家家、踩水坑、玩积木、爬楼梯、铲沙子、堆雪人、看蚂蚁搬家、听鸟啼虫鸣、赏晨露晚霞等，都应该成为早期智力启蒙的一部分。

而**内省智力**是指对自身内部世界的状态和能力具有较高的敏感水平，包括认识自己并选择自己生活方向的能力[①]。内省智力强的人能正确看待自己的优点和缺点，懂得扬长避短。因此，这项智力看似没有什么相对应的评判标准，却是深刻影响一个人获得成功和幸福的能力。

如果婴幼儿缺少安全感和亲密的依恋对象，他就会感到无助、孤独和害怕，这会导致幼儿不愿意主动去认识和探索世界，从而也很难主动去认识自我。因此，内省智力启蒙的第一步就是家长与婴幼儿建立具有安全感的亲密依恋关系。

同时，幼儿对自我的初始认知，来源于他心目中权威人士对自己的评价和态度。幼时得到父母否定和责骂较多的孩子，容易形成自卑、逃避的性格；如果父母能够客观积极地评价孩子，给孩子足够的爱和尊重，那么，孩子就能够树立积极的自我认知，并在此后的人生中自我修正、自我努力。因此，早期的家庭教育环境对于孩子内省智力的发展起着不可忽视的作用。

古人修身治学很重视"吾日三省吾身"。日常生活中，家长帮助孩子反省一些事情做得是否合适？如果有错，反省为什么错？怎样能够防止再次犯错？也是锻炼孩子的内省智力。

总而言之，儿童的早期智力启蒙并不局限于孩子识字多少，算术能做到什么水平。其真正的意义在于，在尊重孩子成长规律的基础上，创造条件，适当引导，促进孩子各方面潜能的充分发展，发掘孩子的优势智力，为孩子将来拥有健全的体魄、健康的心理状态、独立的学习能力和生活能力奠定坚实的基础。

---

① 刘文主编. 心理学基础 [B]. 南京：南京大学出版社，2018：254.

7.2.2　关于小学一、二年级的规定

"双减"规定的原则是"着眼学生身心健康成长，保障学生休息权利"。其中，"小学一年级严格按课程标准零起点教学，做到应教尽教"的要求，为"学校要确保小学一、二年级不布置书面作业"提供了可行性保障。

"小学一年级严格按照课程标准零起点教学"，从政策上杜绝了过度"内卷"形成的"抢跑"之风。该政策在减轻一年级学生的学习压力，让学生在轻松愉快的学习氛围中，培养学习兴趣和学习热情的同时，也减轻了新生家长的负担，有利于构建和谐的亲子关系，促进儿童的心理健康发展。

"小学一、二年级不布置书面作业"的规定，给孩子们留出了足够的睡眠时间、运动时间和自由安排的时间。医学专家们指出，每天户外运动两个小时能够有效预防近视及控制近视发展。一般来说，学校的体育课和课间活动最少能保证孩子有一个小时的户外运动时间，那么，另一个小时的户外运动时间就需要安排在孩子放学之后。此外，孩子们还要有时间体验生活，发展个人的兴趣爱好，等等。

来自学校的学习压力减轻了，对孩子的家庭教育又该从哪些方面入手呢？

因为小学一、二年级的学生对校园生活既有新鲜感，又需要时间适应，所以，此时的他们对父母的依赖性很强。这正是家长与孩子间构建顺畅的沟通关系的大好时机，也是培养孩子的学习兴趣，养成良好的学习习惯的黄金时期。

◎　"兴趣是最好的老师"

小学一、二年级的学生仍以形象思维为主，抽象逻辑思维不发达，很难理解抽象的概念；注意力不持久，表现为爱说又爱动；情绪敏感且

不稳定。如果家长用成年人的思维方式对这个阶段的孩子提过高的要求，甚至经常用打骂吼叫惩罚孩子，那么就容易打击孩子的自信心，进而让孩子对学习失去兴趣。反之，如果家长因材施教，用恰当的方式激励孩子，让孩子体会到学习的乐趣和成就感，那么，孩子就会越来越自信，越来越喜欢学习，今后的学业成长之路自然就会比较顺畅。

当然，孩子的天赋各异，成长环境不同，各有各的优势智力以及感兴趣的方向。家长用心发掘自家孩子的闪光点并加以适当引导，对孩子的成长也尤为重要。

意大利文艺复兴三杰之一、著名画家兼科学家列昂纳多·达·芬奇（Leonardo di ser Piero da Vinci）小时候活泼好动，好奇心极强，对当时呆板而严厉的正式教育没有一点兴趣，老师曾断言他将来肯定不会有出息。而且，他最喜欢的绘画行业，在当时并不景气。虽然他的父亲希望他学习法律，继承家业，但是，当达·芬奇画的魔鬼头像把父亲吓得转身就逃后，他看到了儿子的天赋，于是，安排儿子拜著名的画家为师，专心学习绘画。正是因为父亲的包容和因势利导，达·芬奇才有机会在世界艺术宝库中留下巧夺天工的传世名作。

"尺有所短，寸有所长"。兴趣，是能够照亮孩子人生的指路明灯。

◎ 培养时间观念，养成做事有计划的习惯

孩子拥有大把的课余时间，家长正好可以用来培养孩子的时间观念，教孩子学会做计划。计划无须局限于学习内容，可以灵活地计划孩子放学后什么时间进行户外活动，什么时间学习，什么时间孩子自主安排，什么时间就餐、就寝，等等。

如果孩子很难形成时间意识，那么家长可以将商量好的时间计划记录下来，贴在孩子看得到的地方，定期回顾执行情况，适当地用小红花或画星星等方式进行评价。

时间观念养成以后，不需要家长监督，孩子也能有条不紊地安排自己的学习生活。将来学习任务越繁重，学习效率的优势就会越明显。

◎ 引导孩子学会回顾和总结

一、二年级的孩子喜欢说，很愿意跟家长分享自己的想法和见闻。这正是建立亲子间顺畅沟通关系的大好时机。每天孩子放学以后，家长通过聊天的方式，帮助孩子回顾一下当天学习的内容，倾听孩子对校园生活的描述和感想，以了解孩子的学习情况和思想动向，疏解孩子的负面情绪，同时，锻炼孩子的总结归纳能力和语言表达能力。

◎ 培养孩子不懂就问的习惯

一、二年级的孩子爱说、爱动、爱幻想，喜欢提各种问题。家长放飞孩子天马行空的想象力，夸奖孩子爱提问的行为，引导孩子通过问老师、查资料等方式自己寻找答案，等等，以提高孩子的思维能力并培养孩子的探索求知精神。

小学一、二年级的学习内容中难点很少。当孩子学习上偶尔遇到问题或者困难时，如果家长及时引导孩子学清楚、弄明白，那么，就容易帮助孩子养成不懂就问、精益求精的学习态度。这对孩子今后的学习将大有裨益。

◎ 培养阅读的习惯

无论是母语还是外语的学习，都是一个日积月累的过程。诵读经典，背诵诗歌美文，广泛阅读适龄书籍都有助于语言课程的学习和写作。对于学龄前没能培养出阅读兴趣的孩子，家长可以利用孩子一二年级可塑性强的特点，通过亲子共读、亲子互相提问、扮演故事里的角色、讲故事留悬念等方式，增加阅读的趣味性和吸引力，培养孩子阅读的兴趣。

7.2.3　关于课外班的规定

"双减"政策的指导思想之一是"强化学校教育主阵地作用"。如果孩子从小培养了学习兴趣，适时进行了早期智力启蒙，养成了自主学习、勤于思考、不懂就问的习惯，学好校内课程并不困难。

现代社会的发展要求，教育系统根据学生的学科思维能力和学习能力进行分层教学。校外培训的泛滥和过度资本化加剧了家长和学生的思想负担和经济负担，同时，过度追求分数，也影响了学生能力分层考核的客观性和有效性，因此，需要"坚决压减学科类校外培训"。

"双减"规定中很明确写道："做强做优免费线上学习服务，各地要积极创造条件，组织优秀教师开展免费在线互动交流答疑"，而且"国家中小学网络云平台"已经上线。后疫情时代，网络课程将会和网络购物一样，逐渐成为主流。需要对弱势科目加强学习的学生可以在网络平台上找到相应的课程；对某一学科有特别兴趣或者有能力超前学习的学生，也可以在网络平台上找到自己需要的课程。当然，网络学习也涉及孩子自律性的问题，需要家长适度关注和监督。

无论是网络课程，还是线下的培训课程，都不应该占满孩子的课余时间。因为孩子需要时间消化和整理学过的知识，锻炼自主学习能力。利用课外资源最理想的状态是，孩子在学习过程中自己感觉有需要，并有针对性地自己查找课外资源进一步补充学习。

在相对平等宽松的教育环境下，学习兴趣、自学能力、思维能力、自律性强的学生将会在教育选拔考试中脱颖而出，这才是社会发展所需要的教育结果。

微信公众号里有些文章介绍美国家长也"鸡娃"。但这些美国家长是在学校正常的教学内容之外下功夫，比如学科竞赛、体育竞技、公益活动、艺术演出等。如果一个学生能够在学好校内课程的同时，还能做好其他事情，那么，这个学生的学习能力以及时间效率无疑是突出的。这样的学生自然会是各大高校青睐的对象。

有一位美籍华裔小姑娘，从小喜欢小动物，热爱生物学，家长为支持她的兴趣学习付出了很多的时间和精力。小姑娘在藤校上大学期间参与了新冠病毒的研究工作，并取得了不错的研究成果。家长对孩子的评价是懂事、独立、有主见、热爱研究工作。我想，这样的研究型人才正是社会所需要的，也是家庭教育的方向之一。

7.2.4　规定对家长提出的要求

"双减"规定也对家长提出了一些要求，概括起来大概有以下几个方面。

◎ "学校和家长要引导学生放学回家后完成剩余书面作业，进行必要的课业学习"。扩展开来就是，家长要关注孩子的学习状态，引导孩子养成良好的学习习惯和学习方法，协助孩子解决学习上遇到的困难，给孩子适当的督促和鼓励。

◎ "从事力所能及的家务劳动，开展适宜的体育锻炼"。就是说，家长要培养孩子独立生活的能力，让孩子感悟真实的生活，从而培养孩子的责任感和担当意识，同时，注重体育锻炼，增强孩子的体质。

◎ "开展阅读和文艺活动"。扩展孩子的视野，锻炼思维能力，丰富精神生活，为孩子多方面发展提供良好的平台，发掘孩子的优势智力、兴趣倾向，并提供与之相适应的教育。

◎ "个别学生经努力仍完不成书面作业的，也应按时就寝" "引导学生合理使用电子产品，控制使用时长，保护视力健康，防止网络沉迷"。就是要求家长，注重孩子的大脑发育、身体发育以及视力发育的健康需求，保证孩子睡眠充足、饮食科学，切忌本末倒置。同时，家长要防止孩子沉迷网络，尽到守护孩子的职责。

◎ "家长要积极与孩子沟通，关注孩子心理情绪，帮助其养成良好学习生活习惯"。本书第1章中提到"聊天，是最好的家庭教育方式"。在互相尊重与信任的基础上，父母与孩子建立良好的沟通关系，在日常聊天中，帮助孩子疏解情绪，化解困难，端正思想，潜移默化中引导孩子养成良好的行为习惯，树立远大的理想，培养高尚的品德。

7.3　关于"保持高中阶段职普比例大体相当"的政策

7.3.1　适应国民经济发展的需求

"中考后将有一半的学生被分流进职业高中"的说法一度在网络上引起了热议，也加深了一部分家长内心的焦躁情绪。

其实，"保持高中阶段职普比例大体相当"并不是新政。参考网上有一篇署名李小娃的作者于2021年6月1日发表的《"普职比例大体相当"的政策演变、阶段特征及改革》一文，比较清晰地讲述了这一政策的历史沿革。

1978年4月，邓小平同志在全国教育工作会议的讲话中，谈及关于教育事业必须同国民经济发展的要求相适应的问题时，明确提出"应该考虑各级各类学校发展的比例，特别是扩大农业中学、各种中等专业学校、技工学校的比例"。

1983年教育部、劳动人事部、财政部、国家计委《关于改革城市中等教育结构、发展职业技术教育的意见》中正式出现了"普职比例大体相当"的要求。此后，针对该要求一直有更详细的规定和政策微调，但没有实质性的变化。

20世纪末，在高等教育扩招政策的推动下，普通高中的升学率随之升高。

近几年，随着人口结构的变化以及产业结构的调整，一些地方出现了企业招工难，大学毕业生就业难等问题，于是，教育部再次强调了

"保持高中阶段职普比例大体相当"的政策要求。

当社会需要大量技能型人才和应用型人才时，职业高中的招生人数就会相应增加。不过，增量的生源并非只有应届高中生，还有"将高中阶段招生的增量生源重点向往届初中毕业生、城乡劳动者、退役军人、退役运动员、下岗职工及返乡农民工等重点群体倾斜。中等职业学校一方面提供学历教育；另一方面重点提供技术技能培训"的规定。

该政策只是规定"普职比例大体相当"，具体的比例会根据各地经济发展的人才结构需求适时调整。随着人工智能技术的进一步发展和普及，职业高中的招生比例也有可能降低。

7.3.2　因材施教适应社会需求

人类社会的生产活动就像是一座大型机器，既有支持机器运转的主部件，也有各种小零件，如小螺丝钉、小轴承等等。任何一部分的零件缺损严重，都可能导致整座机器运行不畅。

前文中说过，每个人或多或少具有至少八种智力，由于天赋和成长环境不同，每一个人都有自己的优势智力。如果每个人都能够充分发挥自身的优势智力，担当与之相适应的社会职能，那么社会就能高效运行和发展。

比如，语言智力高的人可以从事记者、编辑、作家、翻译等工作；逻辑数学智力高的人适合担任科学家、会计师、工程师、软件开发等工作；视觉空间智力高的人适合从事建筑设计、摄影、绘图等工作；音乐智力高的人可以从事作曲、演奏、音乐评论、歌手等工作；身体运动智力高的人可以成为运动员、舞蹈家、机械师等；人际智力高的人适合外交、公关、营销、行政等工作；内省智力高的人可以从事哲学、政治、心理学、教育等方面的工作；认识自然智力高的人适合从事天文、生物学、地质学、考古学、环境设计等方面的工作。

当然，很多人的优势智力不止一项，有的职业也需要不止一项智力。比如，雕塑家、外科医生、手工艺师等既需要身体运动智力，也需要视觉空间智力；政治家、哲学家、教育家等既需要内省智力，也需要语言智力……

目前，学校教育主要考察的是语言智力、逻辑数学智力、视觉空间智力以及认识自然的智力。如果孩子这些智力都不具备优势，那么，学习就会比较吃力。而高中阶段对这些智力的要求比初中阶段更高，孩子继续学习的话，会更辛苦，成绩也会更不理想。与其看着孩子在自己不擅长的领域中苦苦挣扎，还不如让孩子进入职业中学，学习对这些智力要求相对低一些的技能。扬长避短，帮助孩子找到更适合自己的人生道路。

7.3.3　如何缓解家长的焦虑

虽然说适合自己的才是最好的，但是，中等职业学校"层次低""学生素质低""教学环境差"等标签，让一些重视教育的家长担心孩子"近墨者黑""从此沦为社会底层"等，因而非常抵触中等职业学校。

目前，我国中等职业学校的教学水平和就业前景参差不齐，有热门学校也有冷门学校，录取分数线也有高有低。从总体上改变人们对中等职业学校的看法，需要全社会做一些努力。比如：

◎ 普及家庭教育的基本理念

人的一生要接受家庭教育、学校教育、社会教育，其中家庭教育是决定个人成长底色的基础教育，其教育效果或多或少会影响孩子的一生。但是，全社会的家庭教育水平差别很大，造成孩子的素质存在着很大的差距。其实，无论家贫家富，无论父母文化水平的高低，婴幼儿时期的爱和陪伴、儿童时期的性格养成和阅读习惯培养等是每个家庭都可以做到的。家长缺少育儿知识，对孩子过度娇惯和放纵，或者完全放养造成的亲情严重缺失，等等，都容易养出问题孩子。

如果基本的家庭教育理念能够得到普及，儿童的早期教育问题得到广泛重视，那么，全体公民的素质差距就会缩小，社会生产力也能得到提高，居民收入差距应该也会随之缩小。同时，伴随着职业学校中打架斗殴、谈恋爱、逃学、奇装异服学生的减少，家长就能放心地让孩子走适合自己的路了。

◎ 为愿意继续学习的学生提供比较好的教学环境

家长应该知道，进入中等职业学校并不意味着孩子与高等教育无缘，或者从此沦为所谓的社会底层。

20多年前，就有没上过高中的人，通过成人教育学习高中和大学的课程并考上"985"大学的硕士研究生；也有仅持有小学毕业文凭的人，通过自学考上"985"大学的博士研究生。

现在，中等职业学校毕业后同样可以参加高考或接受成人教育，此外还增加了高校的对口招生、高校单独招生、五年一贯制、3+2模式、出国深造等途径。

2020年2月教育部发布的《关于实施职业技能提升行动"互联网+职业技能培训计划"的通知》中提出"到2021年，健全'互联网+职业技能培训'管理服务工作模式，构建线上培训资源充足、线上线下融合衔接、政策支持保障有力、监管有序到位的工作格局，进一步扩大线上培训规模，提高线上培训质量"。

2021年6月国务院发布的《全民科学素质行动规划纲要(2021—2035年)》中又提出"实施职业技能提升行动。在职前教育和职业培训中进一步突出科学素质、安全生产等相关内容，构建职业教育、就业培训、技能提升相统一的产业工人终身技能形成体系"。

还有更多的政策正致力于规范和拓展中等职业学校学生的上升渠道。可以说，无论是专业技能的学习还是文化课的学习，只要孩子有能力，肯钻研，都有足够的通道实现他们的愿望。

　　中等职业学校如果能够加强学校的管理，改善教学质量和环境，让愿意学习的孩子能够安心学习，那么家长就不必焦虑了。

◎ 帮扶无心学习的学生

　　早期没能得到良好家庭教育的孩子，进入高中阶段以后，除非遭遇某种变故，否则父母很难对孩子形成影响力。无心学习的孩子早些接触社会，经过社会大熔炉的锤炼，或许能够觉醒并开始积极面对自己的人生。

　　有的孩子因为种种原因，不但不爱学习，还养成了一些有可能骚扰他人的习性。这样的孩子需要学校和社会给予特别的关怀和帮扶。比如，德育辅导员一对一帮扶；加强学生思想政治课的学习；让骄纵的孩子体验生活的艰辛，等等。如果孩子在学校的教育下能够实现良好的转变，家长也会愿意把孩子交给学校。

　　这个世界有蜿蜒崎岖的山路，也有一路坦途的高速公路；有森林湖泊，也有草原高山；有蓝天白云，也有飓风雷雨……同样，每一个人生来便不一样，有高有矮、有胖有瘦、有天生丽质、有天生残疾、有出生于富庶之家、有出生于寒苦之门……因此，每一个人的人生道路也注定会各不相同。同时，每一个人都是这纷繁多彩的大千世界中重要的一分子，都有自己的闪光点。无论是学校教育，还是家庭教育，最大的目标应该都是帮助孩子释放这些闪光点，并在自己的人生道路上成就最好的自己。

后 记

"为人父母"这一职业，每天的任务都是全新的，对于这份答卷，没有标准答案，没有重来的机会。从业近20年以来，跟着应试教育的指挥棒，摸着石头过河，虽殚精竭虑、夙夜匪懈，仍然漏洞百出，避免不了画蛇添足之举。不过，也偶有歪打正着，"无心插柳柳成荫"的收获。俗话说"当局者迷，旁观者清"，历尽千帆之后，蓦然回首才悟出了一些道理。

"双减"政策为家长和学生减掉了很多不必要的负担，但孩子的成长仍然需要家长的守护和引导。

虽然我对女儿的培养取得了一点成绩，但也有一些遗憾。在此，我尽己所能将这些年的经验、教训和感悟分享出来，只希望给各位家长提供一点前车之鉴。

不过，作为一个自带很多缺点的普通人，思想高度和见识有限，书中表达的观点不一定正确，内容缺乏全面性和深刻性，所用的方法未必适用于所有的孩子，衷心希望能够得到各位读者的包容和指正！

为了继续与读者探讨教育问题，我开通了微博"教育随心聊"，以及微信公众号"高效育儿经验谈"，读者可关注微博或微信公众号留言与我互动。

希望我们共同努力，帮助孩子成就最好的自己！衷心祝愿每一位孩子健康快乐成长！